Bibliografische Information der Deutschen Nationalbibliothek:
Die Deutsche Nationalbibliothek verzeichnet diese Publikation in der
Deutschen Nationalbibliografie; detaillierte bibliografische Daten sind im
Internet über www.dnb.de abrufbar.
Das Werk einschließlich aller seiner Teile ist urheberrechtlich geschützt. Jede Verwertung außerhalb der engen Grenzen des Urheberrechtsgesetzes ist ohne Zustimmung des Verlages unzulässig und strafbar. Das gilt insbesondere für Vervielfältigungen, Übersetzungen, Mikroverfilmungen und die Einspeicherung und Verarbeitung in elektronischen Systemen.

© 2017 by AutorInnen
Die Orthographie folgt der von den AutorInnen gewünschten.
© 2017 Übersetzungen: by Diana Wiedra
Herausgeberin: Diana Wiedra
Covergestaltung und Layout: Diana Wiedra

Herstellung und Verlag:
BoD – Books on Demand, Norderstedt"
ISBN: 9783743125131

LIEBE

Lyrik

*Hörst du, Geliebte, ich schließe die Lider,
und auch das ist Geräusch bis zu dir.*
                                   (Rainer Maria Rilke)

*„Für die Welt bist du irgendjemand,
aber für irgendjemand bist du die
Welt."*

(Erich Fried)

VORWORT
von Hubert Thurnhofer

Dieses Buch ist das Ergebnis der „Nächte der Liebe", einer Veranstaltungsreihe mit Lesungen von Lyrik und Prosa von Autorinnen und Autoren aus verschiedenen Herkunftsländern, die im wunderbaren Ambiente einer der schönsten Kunstgalerien Wiens, nämlich dem Kunstraum in den Ringstrassen-Galerien, stattgefunden hat.

Was lag dieser Idee zugrunde und was war die Motivation zu ihrer Realisierung?

Die Lektüre zahlreicher Bücher, Romane ebenso wie Gedichtbände, führte zur Erkenntnis, dass die Liebe zu einem verdrängten Thema geworden ist. Sie wurde von ihrem angestammten Platz vertrieben. Statt dessen dominieren Gewalt und seelenlose körperliche Triebe die zeitgenössische Literatur. Sogar die Lyrik – Urheimat der Liebe – beschäftigt sich zumeist nur noch mit den Beschreibungen materieller Dinge.

Die Kultur der offenen Seele wird somit in den Hintergrund gedrängt. Mehr noch: nach dem französischen Philosophen André Comte-Sponville wird heutzutage die Liebe in der Öffentlichkeit als etwas Unanständiges, im bestem Falle als Kitsch betrachtet. Vielleicht weil man Angst vor echter Intimität hat; Angst auch vor sich selbst und voreinander. Dadurch verliert die Literatur ihre Substanz, sie wird herzlos kalt – wie unsere computerisierte Welt.

Um diesem Trend etwas Wirksames entgegenzusetzen, organisierte die Autorin und Übersetzerin Diana Wiedra die Lesereihe „Nächte der Liebe".

ADNOTES ZUM THEMA LIEBE
von Helmuth A. Niederle

Wer tatsächlich eines Beweises bedarf, dass die Sehnsucht nach Liebe unstillbar ist, braucht nur aufmerksam auf die Texte der Schlager und der Popsongs zu achten. Das willkürlich gewählte Spektrum reicht von „Du darfst nicht gehen …" bis „The Sun Ain't Gonna Shine Anymore". Unermüdlich und mit stets frischer Verve besingen die Schnulzeros und die Singersongwriter (auch dies stellt ein Spektrum dar) die Liebe, den Verlust derselben und die Sehnsucht nach Begegnung, die in seelischer Übereinstimmung münden soll.

Wer eines Beweises bedarf, dass die Sehnsucht nach der bleibenden erfüllten Liebe sehr häufig keine Erfüllung findet, braucht nur die offiziellen Scheidungsstatistiken der einzelnen europäischen Länder anzuschauen. Besonders aussagekräftig ist die mittlere Ehedauer, die im Jahr 2015 in Österreich bei 10,9 Jahren lag. Anders gesagt: Noch vor dem Vollenden des elften Jahres sind die Liebe, die Lust und das Begehren ausgeflogen, zurück blieben Frust, Enttäuschung und die Sehnsucht nach neuer Erfüllung der Liebe.

Es versteht sich, dass etwas, was alle Menschen wollen und worüber alle reden, in den Sprachen der unterschiedlichen Disziplinen der Kunst – darunter auch in der Literatur – ihren Niederschlag findet. Sieht man von der Klischeeartigkeit der Popkultur und des Schlagers ab, zeigt sich, dass selbst in der literarischen Disziplin der Lyrik das Ringen um die entsprechenden Worte nicht einfach ist. Privates, Tiefes aus der Seele oder dem Herzen Kommendes in Worte zu fassen, die nicht durch übermäßigen Gebrauch rascheln wie das gefallene Laub in einer herbstlichen Allee, ist schwer. Das Unternehmen dieser Anthologie zeugt von Mut: Reden wir darüber, worüber sich fast nicht reden lässt, weil es dort entspringt, wo Worte versiegen, oder Gefühle einen Menschen so überrollen, dass man gar nicht reden möchte, sondern nur ganz einfach sein will.

DIE LIEBE, DIE LIEBE ...
von Peter Paul Wiplinger

„Die Liebe ist ein seltsames Spiel, sie kommt und geht von einem zum andern. / Sie nimmt uns alles / doch sie gibt auch viel zu viel. / Die Liebe ist ein seltsames Spiel", sang die amerikanische Schlagersängerin Connie Francis in den Sechzigerjahren des vorigen Jahrhunderts ihren weltbekannten Hit in fünfzehn Sprachen. Und seit jeher erklingt bei allen möglichen und unmöglichen Gelegenheiten, fast schon wie ein adaptiertes Volkslied, die allbekannte Phrase aus dem „Zigeunerbaron" von Johann Strauß: „Die Liebe, die Liebe ist eine Himmelsmacht". Darüber hinaus gibt es weltweit sowohl in der Literatur als auch im Volkslied, ebenso wie in vielen Gedichten und Aphorismen unzählige, oft ganz gegenteilige Aussagen über die Liebe; und sie alle sind mit anderen Wörtern - wie z.B. dem Wort Sehnsucht - verbunden. Alles zusammen ergibt einen unsagbar großen und mächtigen Pool an die Liebe erfüllenden und sie verherrlichenden Gefühlen. Aber auch vom Scheitern ist da die Rede, von Trennungen, Enttäuschungen, Schmerzen, von Verzweiflung und Einsamkeit, vom Alleinsein, von der Erinnerung, vom „Es war einmal". Nichts scheint so vergänglich, so leicht zerbrechlich zu sein wie die Liebe. Viele sagen, sie wollen von der Liebe nichts mehr wissen, sagen: „die Liebe bringt nichts", besser seien materielle Werte, ein Haus, ein Auto, ein Garten; das alles könne man auch ganz alleine genießen, dazu brauche man niemanden, jedenfalls niemanden, den man liebe. Oft sind das aber nur Schutzbehauptungen, zu seinem eigenen Schutz. Denn die Wirklichkeit ist ganz anderes: Alle, oder doch fast alle Menschen sehnen sich nach Liebe, jedenfalls dann und wann, bei bestimmten Anlässen und im Prinzip überhaupt. Der Mensch scheint also die Liebe zu brauchen, sie erst macht ihn zu etwas Ganzem. Die Liebe ist also etwas Unverzichtbares, so meint man, so sagt man bisweilen. Und vielleicht ist das sogar auch wahr. Ich weiß es nicht, Ich verstehe nichts von der Liebe. Ich bin in und an ihr stets und immer wieder gescheitert. Alles war nur ein einziges Scheitern, sonst nichts. Und trotzdem war sie die wichtigste Erkenntnis und Bereicherung und das Schönste in meinem Leben.

Sophia
BENEDICT

Wissenschaftsjournalistin, Schriftstellerin, Photographin. Geboren in UdSSR, verheiratet in Österreich; seit 1984 in Wien zu Hause.

***

Die Liebe
raubt dem Herzen
seine Freiheit.

Ob deshalb die Verliebten
so oft in die Weiten des Universums
schauen?

Traurig blicken sie zu den Sternen,
die mit Silber
an die Schleppe
der nächtlichen Unendlichkeit
gewebt sind.
Und wir hören
die tiefen Seufzer,
die ihre Brust zerreißen.

***

Wenn der Versucher
einer jungen Seele
das Gift der Schmeichelei einflößt,
füllt er
das Gefäß der Liebe,
der Liebe zu sich selbst aus,
eine Abhängigkeit bewirkend.
Dann bittet die Seele:
„Gib mir!
Gib mir noch mehr!"
Wenn aber
die Stunde der Vergeltung
schlägt,
fällt sie verlassen und verwüstet
wie ein verletzter Schwan
zu Boden.

Nur die,
der das Überleben gelang,
wird noch
mehrere Male
sterben,
und der Tod
wird ihr bester Freund.

***

In meinen Träumen
sehe ich mich am Meeresufer,
wo abends
sich ein Zikadenstakkato
in die schwüle Nacht ergießt.
Als scheuen Teenager
sehe ich mich.
Furcht vor dem Leben
und vor allem, was sich

hinter dem Wort Liebe
verbirgt.
Andere wollen das.
Sie geben die Gesetze vor.
Sie bestimmen die Grenzen.
Sie sind diejenigen, die
das Reine
ins Schmutzige
ziehen.

Aber in meinen Träumen
verlieren sie ihre Macht.
In meinen Traumen
gehöre ich mir selbst.

***

Du fragtest,
wen ich mehr liebte -
dich oder das Leben.
Ich sagte:
das Leben. Und du …
du verließest mich.

Erst da
verstand ich:
Das Leben bist du …

Als du bei mir warst,
war ich.
Als du da warst,
war ich ich.
Und jetzt …

Ich flehe mein Leben an,
mir mein Leben zurückzugeben.

***

Das Verliebtsein
birgt in sich die unsinnige Hoffnung
darauf,
dass man endlich
jene schöne Seele findet,
von der man ein Leben lang geträumt hat.
So könnte man
die lang ersehnte Glückseligkeit
erreichen ...

Aber wenn du diese schöne Seele
bis jetzt nicht
in dir selbst
gefunden hast ...

***

Er kommt zu mir in dunklen Nächten
und gießt in meine Seele
vom Gift der Wahrheit,
Gift der Freiheit,
Gift der Wünsche.
Verlangt dafür ...
Als ob es nicht genügte,
dass er mir
die Ruhe nahm,
nach der ein
Leben lang ich strebte.

Ich hasse ihn dafür
mit einer Liebe,
namens Tod.

***

Die Frau, die du liebst,
ist ein Abgrund,
der dich in seine Tiefe
zieht.
Die Frau entzieht dir
die Liebe
der anderen Frauen.

Ihr warmer Atem
erreicht dich
durch Kälte und Finsternis.
Sie erweckt in dir
kosmische Gefühle und
weckt in deiner Seele
die Angst vor der Einsamkeit.

Sie ist immer bei dir,
die Frau,
die du liebst.

Wie ein aufdringlicher Gedanke.
Wie der gekränkte Stolz.

***

Unsere beiden Welten
drehen sich
um zwei verschiedene Sonnen.
Wir nähern uns einander nie …

Nur allzu gut wissen wir,
dass eine Annäherung der Galaxien
unaufhaltsam
in die Katastrophe führen würde.

***

Du hast mir einmal
die Steppe versprochen,
den Himmel und den Ozean
und eine Karavelle
unter dem Banner von Jolly Roger.

Und dann…
wurde daraus eine Bucht
mit einer fremden Flagge
im engen Golf
mit nummerierten Plätzen
und strengen Regeln.

Das ist
eines Mannes schlichte Wahrheit.
Und zwar von allen noch die beste.

***

Der Fleck auf der Tischplatte
erweckt ein unklares
Gefühl - der Zärtlichkeit.
Was soll das bedeuten?
Liebe ich diesen Fleck?
Eine Erinnerung
an etwas
lang Vergessenes,
an ein Gefühl,
das damals…
Wir saßen bei Tisch.
Das Kerzenlicht spiegelte sich
im flüssigen Rubin unserer Gläser.
Der geschmolzene Bernstein
des heißen Wachses
tropfte auf die Tischplatte.

TOD EINES PAGEN

Dieses Gedicht hat sich von selbst geschrieben.
Es ist ein Gedicht über die Liebe.
Ein Gedicht über einen jungen Pagen,
über einen jungen Mann, der aus Liebe starb.
Rose, Schiff, Feder und Degen ...
Oh Gott, wie lang ist das her!
Leben oder sterben
oder Wein trinken -
das ist nicht mehr wichtig.

Was geschah mit dem jungen Pagen?
Man fand ihn mit einem Messer im Herzen.
Und seine Geliebte? Wo ist sie?
Die Königin ist die zärtliche Frau des Mörders.

VERGESSEN

Wenn du mich nicht brauchst,
gehe ich!
Vergesse, verdränge,
find' einen anderen.
Versenke meine Trauer im Wein. ...
Vergesse deine Hände,
die schönsten der Welt!
Vergesse das Goldlicht deiner Augen,
den Honig deiner Lippen.
Die Reinheit deiner Gedanken vergesse ich.
Vergesse dein kindliches, glückliches Lächeln
und das Feuer unserer Liebesnächte.
Ich werde alles vergessen,
und gehen!

Aber wo finde einen anderen,
einen wie dich?!!!

TRENNUNGEN

I.
Es regnet schon lange.
Du bist in die Stadt gezogen.
Verlassen stehen die Häuser am Land.
Der Herbst klopft ans Fenster.
Die mutlosen, nackten Zweige
zittern untröstlich
im traurigen, herbstlichen Garten.
Das Feuer brennt im Kamin herunter,
ermüdet schlägt die Uhr Mitternacht. ...
Die Zimmer sind leer. ...
Leer ist der Kamin
mit dem erloschenem Feuer. ...

II.
Drei Tage wie drei Fristen
und das Urteil - die Liebe.
Drei Tage wie dreiunddreißig Gülten.
Drei Tage – eine unbarmherzige Eskorte.
Zur Liebe verurteilt
auf ewig.
Der Ring gleitet von meiner Hand ...
Das Leben ist eins.
Und der Tod ist eins.

III.
Mein Geliebter ist fort.
Meine Seele ist öde.
Der Bach rauscht nicht mehr.
Die Blumen verwelkt.
Die Erde verlassen.
Mein Geliebter ist fort.
Im goldenen Garten
Verstummt die Nachtigallen.
Wüste und Stille rundum!

Der Wind greift nicht die straffen Saiten.
Mein Geliebter ist fort.
Gestern erblühten die Täler,
heute steht hier nur trockenes Gras.
Gestern war ich glücklich und reich,
gestern floss Seide zu meinen Füßen.
Heute bin ich arm, hässlich und dumm.
Blicke weltfern um mich.

Mein Geliebter ist fort.

IV.
Du bist weggefahren.
Allein bleib' ich auf der Schwelle zurück.
Sehnsüchtig schaue ich in die Ferne.
Stille. Das Glockenspiel ist verstummt,
die Staubwolke taut auf der Weite des Wegs.
Ich stehe allein in der Stille.
Meine Seele ist leer.
Du nahmst sie mit
aus Versehen.
Wer würde mich, die Seelenlose,
jetzt noch brauchen?
In den sich verdunkelnden Augen
steht Nacht.
Schlaflose Nächte sind leer wie Augen.
Mein Leben ist lang und traurig.

V.
Du küsst mich auf der Schwelle.
Vor dir liegt der weite Weg.
Es schlug bereits gleichgültig
die Tür hinter deinem Rücken zu.
Was geschieht jetzt? …
Mit mir … Mit dir? …

Ich laufe dir nach...
ich umarme dich...
ich werde dich an mein Herz drücken.

Ich kann mich aber nicht bewegen.
Es ist vorbei. Stille.
Nur der Wind stöhnt vor dem Fenster.

Vollmond.
Winter.

VI.
Die Stunde des Abschieds schlägt.
Verzeih mir die Kälte meiner Worte.
Es kam die Zeit, um uns zu verabschieden
für ewig, für den Rest unserer Tage.
Das Blut gefriert mir in den Adern.
Zur Säule erstarrt stehe ich da.
Es ist jetzt egal,
ob ich lebe oder nicht.

VII.
Was soll ich dir schreiben?
Drei Tage sahen wir uns nicht.
Drei Sonnen fielen hinter den Horizont.
Dreimal versanken sie im Meer.

Dreimal entzündete sich das Morgenfeuer,
dreimal fiel der Tau auf das Gras.
In der Morgendämmerung wieherten Pferde
und liefen in den Himmel hinein.

Der Hengst erblickte die Stute,
zerriss die Trense und rannte zu ihr.
Das Dorf wurde vom glücklichen Wiehern
zweier Pferde geweckt.

Nur ich sah traurig in die Weite
und betrachtete den Glanz der Sterne.
Ohne dich sah ich nicht
ihre verzaubernde Schönheit.
Deine Augen sind schöner als alle Sterne.
Schöner als alle Blumen sind
deine Honiglippen.
VIII.
Wieder schreibe ich einen Brief ins Leere,
im dicken Schlummer schwüler Nacht.
Die Kerze ist niedergebrannt.
Bis zum Morgen
knarren nur die Bodenbretter.
Das Schweigen presst einen Klumpen
in meiner Kehle.
Schiffe bringen die Verliebten fort …
Die Glocke summt voller Trauer.
Ich schreibe meinen Brief ins Leere.
Mein Adressat ist längst schon fort,
der Briefträger bringt mir keinen
lang ersehnten Antwortbrief.

Im Teich steht unwahrscheinlich dunkles Wasser.
Darin blühen die schneeweißen Lilien
meiner Trauer,
meiner Not und
meiner Liebe.

Gaby G. BLATTL

lebt und arbeitet in Wien; schreibt Lyrik und Kurzprosa, Roman in Arbeit. Fünf eigene Titel, 2 CD-Aufnahmen, (Musik u. Poesie); Leitung der Kulturgemeinschaft Der Kreis; der edition Musagetes. Seit 2008 Geschäftsstelle und Redaktion der Interessengemeinschaft deutschsprachiger Autoren.

ALS ICH MEINTE ...

Als ich meinte, es wäre mir
die Liebe begegnet
und wollte sie fassen und halten, festhalten
in meinen Händen - da waren meine Hände leer.
Nichts - nichts war geblieben.

Und wieder meinte ich,
es wäre mir die Liebe begegnet
und abermals wollte ich sie - behutsam geworden –
fassen und halten.
Doch in der Schale meiner Hände war nichts.
Keine Fülle - nur ein leiser Hauch.

Und eines Tages stand sie vor mir - die Liebe.
Da wusste ich, es war kein Fassen,
kein Halten nötig.
Da war Geborgenheit, Harmonie, Gehaltenwerden
und ich wusste, meine Hände würden nie wieder
leer sein

BIST DU 'S?

Ich schlief nicht
und irrte im Vorhof
des Schlafes dahin.
Dort, wo Dinge
und Formen sich verändern
in rätselhaften Räumen,
die das Wachsein
vom Hause des Schlafes
trennen.

Da hört` ich eine Stimme,
traurig und zart,
die rief und nannte mich
aus der Ferne.
Es war ein Duft von Weihrauch,
Feuchtigkeit
und erloschenen Kerzen.

Bist du ´s ?

AUCH DAS IST LEBEN ...

in ungeschriebenen Briefen lesen,
unausgesprochenen Worten lauschen,
ungedachte Gedanken denken,
ungemalte Bilder sehen,
einer Melodie folgen,
die noch nicht geschrieben wurde;
ein unvollendetes Leben leben,
in Unergründlichem einen Grund suchen
und ihn finden –
auch das ist Leben!

ATLANTIS

Im dunklen Strom der Zeit
entwurzelt, heimatlos
ohne Orientierung
zwischen Gestern und Heute
das Morgen suchend -
der moderne Mensch.

Suche nach Atlantis ?

Das Ende einer Epoche
beklagend, feindselig
und unsicher
vor großen Veränderungen
stehend, unfähig,
den Platz im Heute
einzunehmen
in der Angst vor dem Morgen.

Atlantis,
uralter Traum der Menschheit
verschollene Wirklichkeit
von Steinen verschüttet
auf dem Boden des Meeres ?

Atlantis -
zwischen Pharaonen und Tempeln ?
Ein achter Kontinent ?

Sollen wir uns wirklich wünschen
Atlantis zu finden ?

BUCHENORT IST ÜBERALL

Buchenort ist weit …
Gedanken, die
in der Vergangenheit hängen
halb vergessen
die Abgründe
ein ferner Tag
Beginn
eigenen Lebens
drängt
drängt sich
in das Gedächtnis
nicht ausweichen
den Erinnerungen
einlassen auf Schmerzen
sich stellen
der Vergangenheit

Mutig sein …
heraufbeschwören
die Schatten
Mutig sein
keine Flucht
die alten Gespenster
vertreiben

Buchenort ist hier!

DEIN LÄCHELN

Ein zarter Hauch nur
war dein Lächeln
im ersten Morgendämmer,
im hellen Sonnenglanz
und in dunkler Nacht.

Behütend gleichsam
war es mir geschenkt – dein Lächeln.

Nach der großen Zäsur
verloren geglaubt
finde ich es wieder
im zarten Grün junger Birken,
in der Apfelblüte,
im satten Grün
der Sommerwiese,
zwischen Herbstzeitlosen
und Mimosen.

Dein Lächeln
in glutender Sonne
wie im blassgelben Mond,
im Schein der Lampe
bei Anbruch der Nacht.

Dein Lächeln
Für mich - immer.

DAS IST ES ...

In tiefer Verbundenheit
mit der Natur,
vereint mit dem Duft
wilder Kräuter
in einer Wiese
in der Dämmerung,
mit dem Rauschen
eines Wasserfalls,
im Leuchten
des Wintergewitters,
in der Stimme des Raben –
allein sein,
all-eins,
mit allem eins.
DAS IST ES !

BEGEGNUNG

In einer Vollmondnacht
erklang ein Lied von dir und mir;
wir begegneten einander
D u und I c h.
Es war das Lied zweier Wellen,
die aufeinander trafen,
aneinander schlagend
sich wieder entfernten,
um einander wieder zu begegnen.
Im Ineinanderfließen war Halten
und Lassen zugleich.
Zwei Wellen ?
Zwei Welten sind es,
die einander begegneten.

Es erklang das Lied zweier Wesen,
die - von einem Lichtkegel erfasst
und verzaubert -
vom großen Atem des Seins
berührt wurden.
Ganz zart tönte diese Melodie;
Lebensmelodie
und ganz behutsam
wurde eine Schleuse geöffnet,
alles verheißend.
In dieser Vollmondnacht
nur ein Stern - Jupiter.
Träumend gingen wir,
Hand in Hand,
über die Milchstraße.
Wir streiften an Muscheln
fernab vom Meer.
An Gebirgszügen vorbei
überschritten wir Zeit und Raum,
zur neuen Erde,
dem neuen Himmel
trat die Vergangenheit.
Unser Blick sank in die unendliche Folge
der Zeit –
Jahrmillionen -wie in unendliche Fernen
des Raumes, selbst zum Raum werdend.
Ein Äonentag, da die Erde
wie ein glühender Tropfen
von der Sonne gefallen ...
Ein einziges Verwandeln schien unser Sein.
Und mehr noch - viel mehr!
Und um uns her ertönte Musik.
Der Weltenraum öffnete sich,
uns aufzunehmen,
teilhaben zu lassen.
Wie eine geheimnisvolle Rune
erschien Cassiopeia,

das Quadrat des Pegasus - Andromeda.
Wir träumten in die Nacht hinein,
der Mond höher steigend
tauchte alles in ein Silberlicht,
bis wir - immer tiefer
in die Nacht sanken,
träumend noch immer,
einander im Wesen erkannten.
Da alle Bilder sich auflösten
in weitere phantasierende Gedanken
lauschten wir der Stimme
der Unendlichkeit -
in dieser Vollmondnacht.

VOM WIND GEERNTET …

nicht von sanfter Frauenhand
zart gepflückt,
von starker Männerhand nicht
abgenommen
und nicht vorzeitig
von kleiner Kinderhänden
zaghaft abgezupft,
nein,
vom Wind geerntet
vom Zweig gerissen,
durch die Luft gewirbelt
und hart aufgeschlagen
vor der Zeit

vom Wind geerntet.

MITTE DES LEBENS

Zwischen Tag und Dunkelwerden
schattenloses Licht der Tagesneige.

Pendel der Gedanken bewegen sich hin und her
und legen an der Wende dieses Pendelwagens
ein Stück Erinnerung zurück.
Erinnerung an das Wunder eines Augenblicks.
Im Zeitnest des Verharrens liegt ein Augenblick
des verlorenen Paradieses.

An diesen Endpunkten ist keine Gegenwart,
entzieht sich unsere Realität.

Nur der Blick eines geliebten Menschen
oder ein liebevoller Gedanke,
ein Klang oder Name
kann das beginnende Dunkel durchbrechen.

ABENDSTILL

abendbereit
sich
ganz verschweigen
ein Blatt am Baum
Zuflucht der Tage
aus Wirrnis und Schuld
Abgesang
unsagbarer Klage
Abend in Demut
Nacht der Geduld

Dietmar FÜSSEL

geb. am 23. 1. 1958 in Wels, lebt als Schriftsteller, Bibliothekar und Aktionskünstler in Ried im Innkreis.

DU BIST MEINE HEIMAT

Du bist mein Hafen
mein Schiff
läuft ein
beladen mit Liebe
und Lebenslust

Du bist meine Insel
mein Palmenstrand
mein Son
mein Turron
meine Pina Colada

Du bist meine Heimat
mein Tisch
und mein Bett
mein alles
mein Paradies

DER FLUCH DER VELASSENEN

Ich wünsche dir ein langes Leben
obwohl du mich verlassen hast.
An ihrer Seite sollst du leben,
die du mir vorgezogen hast.
Keiner unserer Freunde
hat dich verstanden.
Keiner unserer Freunde,
die nun nur noch die meinen sind.

Ich wünsche dir ein langes Leben
obwohl du mich verlassen hast.
An ihrer Seite sollst du altern
an deiner Seite wird sie altern.
Sie wird ihre Schönheit verlieren
hingegen ihr Wesen behalten:
Ihr zänkisches, herrisches Wesen.
Ich gönne sie dir von Herzen.

Ich wünsche dir ein langes Leben
obwohl du mich verlassen hast.
Der Schlag soll dich treffen, doch nicht töten.
Er soll dich in den Rollstuhl zwingen.
Sie wird sich natürlich nicht um dich kümmern.
Du kommst in ein Pflegeheim.
Dort sollst du noch dreißig Jahre leben
von allen vergessen, von keinem besucht.

Ich wünsche dir ein langes Leben
obwohl du mich verlassen hast.
Ich wünsche dir ein langes Leben
voll Krankheit, Schmerz und Reue

DIE KAMMER DEINES HERZENS

Ich werde meinen Namen
mit meinem Blut
in die Kammer
deines Herzens schreiben
auf dass mein Blut
sich mit deinem
verbinde
denn du bist mein
und ich bin dein
denn ich liebe dich
und ich hasse dich
so war es, so ist es
so wird es auch bleiben
denn ich liebe dich
und ich hasse dich
so war es, so ist es
und so wird es bleiben.
Ich werde meinen Namen
mit meinen Rippen
in die Kammer
deines Herzens ritzen
auf dass dein Schmerz
sich mit meinem verbinde
denn du bist mein
und ich bin dein
denn ich liebe dich
und ich hasse dich
so war es, so ist es
so wird es auch bleiben
denn ich liebe dich
und ich hasse dich
so war es, so ist es
und so wird es bleiben.

Ich werde meine Seele
mit all meiner Liebe
und all meinem Hass
mit der deinen verbinden
auf dass - ob erlöst, ob verdammt -
auch kein Gott
uns zu trennen vermag.
denn du bist mein
und ich bin dein
denn ich liebe dich
und ich hasse dich
so war es, so ist es
so wird es auch bleiben
denn ich liebe dich
und ich hasse dich
so war es, so ist es
und so wird es bleiben.

EIN REISENDER

Ich bin ein Reisender
und immer ein Reisender
und bleibe ein Reisender
für immer ein Reisender,
Margarita.

Als ich dich sah
da warst du schön
und jung und duftend
wie der Frühling.
Ich tanzte mit dir
und trank mit dir
und du fragtest mich,
wer ich sei.

Ich bin ein Reisender
und immer ein Reisender
und bleibe ein Reisender
für immer ein Reisender,
Margarita.

Als ich dein Haus betrat
da wolltest du, dass ich bleibe.
Deine Küsse waren Versprechen
und deine Wärme Erfüllung.
Doch jeder Nacht folgt ein Morgen.
Dein Schlaf war der eines Kindes.
Ich ging, ohne dich zu wecken
auf leisen Sohlen, für immer.

Denn ich bin ein Reisender
und immer ein Reisender
und bleibe ein Reisender
für immer ein Reisender,
Margarita

LASS ES SCHÖN SEIN

Lass es schön sein
zwischen Abend und Tag
lass es schön sein
in der einzigen Nacht
lass es schön sein

Lass uns jung sein
wider alle Vernunft
lass uns jung sein
in der einzigen Nacht
lass uns jung sein
Lass es warm sein
in dem eisigen Raum

lass es warm sein
in der einzigen Nacht
lass es warm sein

Lass uns nah sein
denn so schnell geht die Zeit
lass uns nah sein
in der einzigen Nacht
lass uns nah sein

Lass es schön sein
zwischen Abend und Tag
lass es schön sein
in der einzigen Nacht
lass es schön sein

HÄSSLICHKEIT

Geteiltes Leid
ist halbes Leid
doch das gilt nicht
für Hässlichkeit.

Dein Gesicht:
Vernarbt, entstellt
durch die Bisse
eines Hundes

Meines
eine Affenfratze
missgestaltet
von Geburt.

Fremde Leute
auf der Straße
senken stets

diskret den Blick
Und befehlen
ihren Kindern
zischelnd, uns
nicht zu begaffen

Wenn wir dann
nach Hause kommen
Vorhang zu
und Licht gelöscht

Keine Welt mehr
keine Blicke
keine Schönheit
und kein Licht.

„Lieber, du …"
„Was ist, mein Liebes?"
„Lieber du,
ich hab dich lieb."

Du berührst mich
sanft und zärtlich
und ich
streichle dich.

WIE DER OZEAN

Du bist wie der Ozean.
So launisch. So gefährlich.
Der Himmel ist wolkenverhangen.
Kein Stern weist mir den Weg
Kein Kompass, keine Karte
ich bin dir ausgeliefert.
Du bist wie der Ozean.
So grausam. So gewaltig.

Ich will dich so gerne bezwingen.
Ich werde dich nie bezwingen.
Ich will nur noch lieben, nicht leiden.
Doch lieben bedeutet auch leiden.

Du bist wie der Ozean.
So tief. So unergründlich.
Ich will dich so gerne erforschen.
Ich will dich so gerne verstehen.
Doch du bleibst ein Geheimnis
- so wie der Ozean.

SCHEINE, LIEBSTE

Scheine, Liebste, wie der Mond
scheine, Liebste, wie ein Stern
scheine heute Nacht für mich
hell und warm und wunderbar.
Denn in meinem engen Grab
wird es wohl sehr dunkel sein
in mein enges, stilles Grab
muss ich doch hinein.

Tanze, Liebste, wie Yemaya
tanze, Liebste, wie Ochun
tanze heute Nacht mit mir
fröhlich, sinnlich, göttergleich.
Denn in meinem dunklen Grab
wird es wohl sehr enge sein
in mein stilles, dunkles Grab
muss ich doch hinein.

Singe, richtig oder falsch
lache, laut und unbeschwert
singen, lachen wollen wir
heute Nacht wie junge Menschen.

Denn in meinem engen Grab
wird es wohl sehr stille sein
in mein enges, dunkles Grab
muss ich doch hinein

NIMMERMEHR

Es ist schon viele Jahre her
und viele tausend Lieder
da trat sie in mein Leben ein
da trat sie in mein Leben ein
ihr Name war Carmencita.

Mein Glück mit ihr war unverdient
mein Unglück unverschuldet
Ich liebte sie bedingungslos
Ich liebte sie bedingungslos
und sie hat mich geduldet

Es ist schon viele Jahre her
und viele tausend Krüge
sie sagte oft: „Ich liebe dich"
Sie sagte oft: „Ich liebe dich"
doch das war eine Lüge.

Und eines Tages sagte sie:
„Es geht nicht mit uns beiden.
Ich lieb dich nimmer, nimmermehr
ich lieb dich nimmer, nimmermehr
und kann dich nicht mehr leiden."

Es ist schon viele Jahre her
und war nur von kurzer Dauer
und doch ist die Erinnerung
und doch ist die Erinnerung
noch heute nicht frei von Trauer.

Nur manches Mal, in einem Traum
begegnet sie mir wieder
Und sie sagt: „Nimmer, nimmermehr"
und sie sagt: „Nimmer, nimmermehr".
Dann geht sie ihrer Wege.

LOB DER EIFERSUCHT

Du solltest meine Eifersucht
nicht tadeln, sondern preisen:
Auch wenn sie dir lästig fällt
gereicht sie dir doch zum Vorteil:
Sie wird dich davor bewahren
dich fremden Körpern auszuliefern
verdorbenen, kranken Körpern
die auch den deinen verderben.

Lobe darum meine Eifersucht!
Sie wird dich davor bewahren
dass treulose, lüsterne Blicke
zu treulosen, lüsternen Taten werden.
Sie wird dich davor bewahren,
mich, die dich liebt, zu verlieren
Die einzige Frau, die dich wirklich liebt
obwohl du es nicht verdienst.

Lobe darum meine Eifersucht!
Sie wird dich davor bewahren
als geiler Bock, der du bist
- du siehst, du bist durchschaut:
Du würdest doch alles vögeln,
was nicht bei drei am Baum ist -
mich, die dich liebt, zu verlieren
und es bis zum Tod zu bereuen

AUF DER STRASSE

So viele Menschen
Männer und Frauen,
alte und junge,
reiche und arme
gute und böse
schöne und hässliche
Menschen

Doch keiner ist noch
von Bedeutung
denn er ist nicht mehr
unter ihnen
kein Singen mehr, kein Lachen mehr
kein Tanzen mehr auf der Straße.
Wie tot diese Straße
doch ist!

So viele Menschen
auf der Straße
Männer und Frauen,
alte und junge,
reiche und arme
gute und böse
schöne und hässliche
Menschen.

Ich wünschte, sie wären
alle tot
und dafür er noch
am Leben.
Wir würden singen, wir würden lachen
und tanzen auf der Straße.
Wie lebendig
die Straße dann wäre!

VERBRENNEN

Glaube nicht,
dass ich verbrenne an dir
du, den ich liebe
Erfüllung und Feind
meines Lebens.
Wohl hast du das Feuer entzündet
das mich seither verzehrt
wie eine Puppe aus Stroh
an den Tagen der Sonnenwende
doch ist es mein eigenes Feuer
mein eigenes Feuer, nicht deines,
du, der kein Feuer sein eigen nennt
in der Kälte seines Herzens.
Glaube nicht,

dass ich verbrenne an dir
du, den ich liebe
Erfüllung und Feind
meines Lebens
Ich verbrenne
an meiner eigenen Sehnsucht
nach einem, der nicht verdient hat,
dass jemand sich nach ihm sehnt
an meiner eigenen Leidenschaft
die keine Erfüllung findet,
an meinem Sehnen und Leiden,
an meinem Feuer, nicht deinem,
du, der kein Feuer sein eigen nennt
in der Kälte seines Herzens.

Glaube nicht,
dass ich verbrenne an dir
du, den ich liebe
Erfüllung und Feind
meines Lebens

Ich verbrenne
an meinem Verlangen nach dir
An meinen Nachtgedanken
die mich nicht schlafen lassen
ich verbrenne an Hass und an Liebe
an meinem Sehnen und Leiden
an Verlangen und Leidenschaft
an meinem Feuer, nicht deinem
du, der kein Feuer sein eigen nennt
in der Kälte seines Herzens

Sidonia GALL

geboren im Burgenland, lebt in Wien. Langjährige Unterrichtstätigkeit (Geographie, Geschichte, Mag.a, Drin.), publiziert Lyrik und Kurzprosa (in 18 Anthologien), vier Bücher, Kulturberichte, Hörspiel. Vorsitzende des Österreichischen Schriftsteller/innen-Verbandes.

DIESSEITS

An den getreideberstenden Julifeldern
wo Farbe und Hitze eins werden
können wir nur vorbei fliehen
vor der aus Gewissheit wachsenden Lust
oder vermengt in Farbe, Hitze und Feld
in unseren Sinnen verbrennen
ohne an Asche zu denken.

***
Sommerhitze
noch nicht feindlich
Sonnenfarben
haften länger als sonst
in der schwingend-samt-welligen Landschaft
Sinneseindrücke
summieren sich zum Atemraub
und so überrollt, aufgespießt und geplündert
existiert nur die Hoffnung auf Dauer.

***

Im gelungenen Versuch
dich zum Lachen zu bringen
finde ich das beste Versteck
für meine Liebe.
Und wenn wir uns dann
im gemeinsamen Lächeln einnisten
fehlt es uns an nichts mehr.

BLICK

Ein Blick
begrenzt im Beginn,
mit verborgenem Ziel.
Worte,
zerbrochen,
bevor sie gesagt sind.
Ein Lachen
außerhalb des Herzens.

TÜRKISAUGEN

Federwolken
Himmelssträhnen
blauweißgoldener Schleier
Felsen unerschütterbar
in bebender Brandung
sanftheftige Umarmung
durch Wellen und Wind
Salzkristalle auf der Haut
wie zartbeißende, glitzernde Zähne
Türkisaugen
in sonnenfunkelnden Meeresgrotten
schließen alle Wünsche
in Schweigen ein.

***

Du bist ein Strohmann
von ferne siehst du aus
wie echt
die Nähe scheust du
aus Angst
vor Feuer und Spott

***

Carpe diem
Blütenknospen
Sehnsuchtsbaum
Jahrzehnte-Wiederkehr
vergiß nicht
es ist Glück
solange noch Zeit ist

FAIR PLAY

Wir duellieren uns
hinter Wortverstecken
und tarnen die fremderlebte Erotik
geschickt als Teil des Spiels;
alles nur ein Verkosten
verschmähter, waffenfreier Gemeinsamkeit,
tauschen Defizite gegen leere, fremde Lust,
in Worte gebannte Möglichkeiten.
Trophäen
Dekoration oder Beute
Waffe oder Trost
Attrappe einer verniedlichten Wirklichkeit
im Spiel der selbstgebauten Freiheit.
Sieger ist
wer diesem Spiel entkommt.

SOMMER

Fangstellen für Sonne und Wind
auf heißer Haut
Zikadenschrei im Ohr
Meerwasser auf der Zunge
leiser Gesang des Hoheliedes
zeitlos aufbewahrt
in gemeinsamer schweigender Lust
das Leben
ein farbiger Stein
gehöhlt und behauen
vom steten Ozean des Wollens.

SCHENKEN

möchte ich dir etwas ganz anderes.
Alle Landschaften, in denen du dich
wiederfindest,
alle Stimmen, die du gern hörst;
ich möchte dir ein unbestimmtes Maß
meiner Zeit schenken,
wenn sie der deinen fehlt,
möchte quer durch deine dunklen Düsterkeiten
     gehen
und danach ein weite Sonnenlichtung finden,
auf der wir umeinanderkreisend laufen können,
verschont von allen Zwängen;
alles Strandgut deiner Ängste
in glatte Steine verwandeln,
deine gesammelten Traurigkeiten
in einer Vitrine ordnen
und für dich ein Lächeln darüber aussuchen.

SONNENGRENZEN

Wir verjagen das Stundentier
in sein selbstgebautes Reservat
und verschütten es unter unserem Lachen.

***

Phallusbäume
umschritten
von plattfüßigen Gartengöttern
während in der Gischt der Gedanken
die aphrodisischen Feste beginnen.

***

Wir schließen die Alpträume kurz
zu kleinen, knorrigen Kreisen,
dann rollen wir sie
die Halde des Vergessens hinunter
und machen uns einen schönen Abend.

CESARE

In der Seele bist du ein zottiger Schelm,
ein Till,
ein mit versteckten Zähnen beißender,
manchmal die Hände erhoben
mit all der innewohnenden Bedeutung,
zur Abwehr, zur Begegnung,
in Resignation
und uneingestanden
zum Schlage ausholend.

Karin GAYER

geboren im Mai 1969 in Mödling.Studium der Psychologie. Ausgebildete Verlagsassistentin und freie Lektorin, lebt heute in Wien. Vier Buchpublikationen sowie Veröffentlichungen in Literaturzeitschriften, in Anthologien und im Rundfunk.

ANIMUS – ANIMA

Das Dunkle und das Feuer
die haben sich vermählt
es pocht so arg in meiner Haut
so hab ich dich gewählt

du willst mir vieles zeigen
mein Tor zur Unterwelt
durchbrichst die letzten Schranken
so wie es mir gefällt

doch dann begehst du Wege
die eigennützig irren
du stößt auf meine Gegenwehr
das mag dich sehr verwirren

es folgen kalte Nächte
ein Paar, das sich entzweit
durch nie gesagte Worte
stumm hast du mich befreit.

DIE ZEIT

Die Zeit vergeht
und es vergeht mit der Zeit
ein altes Feuer erlischt
durch klare Wassertropfen
einem Austreten der Glut
hab mich oft daran verbrannt
gebannt das Feuer suchend
das mir einst das Leben versprach

die Zeit heilt
und es heilt mit der Zeit
ich gehe allein nicht verloren
dein Bild ein Rauchzeichen
das schon sehr fern
wie ein Spuk erscheint es mir

gelöst dein Bild betrachtend
schlachtend die Erinnerung
die mir Liebe vorgetäuscht.

EIN FUNKEN

Ich sehe das Grüne im Grauen
das Licht in deinem dunklen Zug
ich höre das Leise im Lauten
den Klang der mich berührt
ich spüre dein Lächeln im Wasser
welches das meine trifft

da welken die schwarzen Lilien
die mich geleiten durch die Nacht.

EINE ALTE LIEBE GANZ NEU

Du
bist also wieder da
auch nach Jahren schmeckt dein Kuss
wie etwas lang verloren Geglaubtes
das einst zu mir gehörte
so selbstverständlich und ganz klar
und jetzt wieder
du

ich atme dich
ich ruhe in mir
Seiltänzerin bin ich geworden
tastend nach Balance
findend mein Glück

du
bist also das was mich
auch nach Jahren noch suchen ließ
dieses lang verloren Geglaubte
das ganz neu zu mir gehört
alles in mir berührt, denn ganz klar
denn jetzt wieder
du.

GEGEN DIE ZEIT

Ich habe mich für dich
entschieden
sage ich ja zu dir

du hast auf mich
gewartet
habe ich schon so lang

ich gehe mit dir
gegen die Zeit
gibt es ein Mittel

wir sind heute wie
damals
waren wir Kinder unverfälscht.

HERBSTZEITLOSIGKEIT

Innehalten in der Stadt
Schatten ziehen vorüber
in neuer Art
farbenstark wie nie

sie flieht in rotem Kleid
vor seinem Zug
dem letzten
da war es Sommer

innehalten auf dem Land
Nebel rücken dichter
in zarter Nacht
ofenwarm wie nie

sie läuft in grünem Schal
zu deiner Tür
der zehnten
da wird es Winter.

HEUTE NACHT

Heimatlos bin ich
verloren in dieser Wüste
die sich Großstadt nennt

fühle mich richtungslos
will dem Käfig entfliehen

frei bin ich
meine Schritte erforschen
das Dunkel der Nacht

Sehnsucht nach Freiheit
Verlangen nach Vereinigung

vernarrt bin ich
in deine großen Augen
dort drüben an der Bar

die paar flüchtigen Stunden
gebettet in endlose Zeit.

IN DEINEM GARTEN

In deinem Garten
klärt sich das Geheimnis
der dunklen Früchte

ich hab dich geliebt
und wieder verloren
die regennasse Erde
spiegelt meinen Fall

sie haben es geschafft
in meinen schwarzen Träumen:
die Blütenzertreter

ich hab dich verloren
und wieder geliebt
der rotflammend Mohn
bezwingt meinen Geist

in deinem Garten
träumt sich die Blüte
in unversehrtem Glanz.

ROTER OZEAN

Mein Boot ist leck
immer mehr Löcher im Holz
immer mehr Wasser schaufeln müssen

der Ozean hinter den Klippen
unendlich weit

mein Herz ist voll
immer mehr Müll im Rot
immer mehr Sehnsucht haben müssen

dein Bleiben hinter der Grenze
unendlich fern.

WEGE UNBESCHRITTEN

Bin heute aufgewacht
einem andern Bild entstiegen
tanzend im Licht
deiner Annäherung

das ist die Richtung
die ich meine

wisch meine Zweifel weg
zerstreu meine Furcht
das Flammenmeer
in deinem Sonnengeflecht

das sind die Wege
die noch unbeschritten

bis gestern trüb gedacht
frierend in der dunklen Kammer
auf ewig ins Nichts verbannt.

Haimo HANDL

geboren 1948 in Feldkirch, studierte Politikwissenschaft in Wien und Virginia in den USA. Doktoratstudium. Fotograf, Consultant, Projektmanager, Lektor an der Universität Wien, Kolumnist, Verleger.

DAS ERSTAUNEN

Damals, damals waren die Schatten länger geworden.
Und ich erinnerte mich.
Noch früher, da war der Abyssus,
in den ich blickte und plötzlich klar erkannte,
was ich nicht sehen wollte,
was mich dennoch trieb es anzusehen und zuschauen
und zugleich zu wissen.
Ich konnte es kaum aushalten.
Ich wollte es nicht für mich behalten,
aber ich brachte kein Wort hervor,
ich blieb stumm, stumm.
Es war wie ein Blick in die andere Welt,
in einen fremden Spiegel.

DRAUSSEN

draußen, dort, war niemand
drinnen, hier, war ich
heute bin ich woanders und rede von damals
erinnere mich an das drinnen
das drinnige
den heimeligen raum
heute bin ich draußen

UND WÄRE

während Verkehrslärm mich schützend umhüllt
und Massen von Menschen,
wie ein Teppich schwebend
im Märchen Verwegener,
dein Blick,
der mich trifft,
ich träte liebend gerne heraus aus dem Strom,
nur, um gesättigt für die nächsten Augenblicke
zurückzusinken.
Freundlich die Gesichter,
auch wo Maske verschlossenes Antlitz verbirgt,
was sonst mehr schreckte:
das Gesichtslose.
Wie Menschen, wie du und ich,
fremd und freundlich,
ein Versprechen vielleicht.

ICH DENKE AN DIE ZEIT

als ob sie ein weibliches Gebilde wäre.
es schwebt eine unklare vorstellung:
in die zeit eintauchen,
in meiner zeit leben.
die unmöglichkeit,
außerhalb meiner zeit zu sein.
kein draußen.
wie fühle ich mich in die zeit getaucht?
ich stürze in den raum.
ich stoße an die wand.
ich bin im zimmer.
keine störenden zeichen.
eine art trauer als halbwachzustand.
der brief liegt da.
mein blick zersetzt ihn,
bevor ich ihn öffne.
ich geh zum tisch und beginne ihn zu schreiben.
die schrift bröckelt.
es läßt sich nicht einholen.

OFFEN DIE STRASSE

nah prallt mein Blick
an Wänden bröckelt er ab
bröselt, zerstäubt
fällt in den Straßenstaub
Konturen brechen
Häuser wanken
nur die Wände halten noch
meinen Blick
gefangen
die andere Welt
bleibt verborgen
unbekannt

eine trügerische Verheißung
für schwache Träume eines
Gestrauchelten
der ausweichen wollte
der nur noch Geräusche hört
Lärm der Stadt
der nichts Anderes durchlässt
von drüben
wohin mein Auge nicht reicht

DAS HAUS

"Ist das ein Haus?" fragte es.
"Nein", antwortete er.
"Aber ich sehe es doch!"
"Du täuscht dich.
Du siehst etwas Anderes.
Die ganze Welt ist ein Haus.
Wir steigen von einem Stockwerk ins andere.
Manchmal treten wir in einen Garten.
Von dort kannst du die Himmelsschrift lesen."
"Gehen wir in dieses Haus."
"Du bist doch schon drinnen."
"Ach so."

MEIN FINGER IST KEINE KRÖTE

die im Sumpf hockt
auch wenn er zeigt
will er fassen
aber das Abendessen wird
heute nicht serviert
denn die Köchin ist gegangen
und das Mädchen kann nichts
anderes als das Übliche

und das ist nicht Kochen
Grillengedröhn verdirbt die Stille
sogar in der Stadt
stört es den Verkehr
der Pendler
die sich heim- und fortbewegen
hin und her
vor und zurück
geordnet, auch wo es chaotisch anmutet
dumpf, leer, nichtig
weshalb alles stört
was auf- und einfällt
heute müssen wir ins Gasthaus
auch keine Abwechslung
in diesen grellen Zeiten

Philo IKONYA

geboren in Kiambu, einem Dorf unweit von Nairobi/Kenia, lebt als Lyrikerin, Prosaisten und Menschenrechtsaktivistin im Exil. Zuletzt erschienen: Invincible Nubia: Adios Lampedusa (edition pen im Löcker Verlag, 2015).

DÜFTE

Den Duft deiner Haut atme ich ein
und weiß, wie es war, als er meinen traf
Rund um mich spüre ich des Lebens Spuren
in Düften
Deine Wärme und deine Träume troffen von deinen
Lippen

In deinen Augen sehe ich einen Spiegel, der mir
vorgehalten wird
Ich rücke näher, um deinen Hauch zu erhaschen
auf dass wir Leben atmen
und dann unseren Odem auf den Spiegel blasen
bis er mehr und noch mehr leuchtet
dass wir einander erkennen können
flimmernd
funkelnd und
in der Seele frohlockend!

GELIEBT

Mit meinem Herzen und meinem Lächeln
nahm ich auch meine Feder.
Schau, selbst mit meiner Leber habe ich gelacht
und der Platz in meiner Brust,
der die Augenblicke zählt
pulst vor Glück.
In deinen Händen wohnt nicht die Arglist.
Mein Herz wurde warm, um dich zu lieben
und ich habe dich mit all meiner Kraft geliebt.
Ein Mann von blauer-roter-schwarzer-weißer
                                          Honigfarbe
er schluckte meine Worte unnachgiebig,
gebar erneut mich mir selbst
und ihm zugleich.
Zwillinge.
Bedeutende Wiedergeburt.
Die Berührung unserer Hände zum Gruß rettete uns
in der trüben Stunde.
Wir verloren die Grenzen und standen
Pamoja
eins in Seele, Herz und Verstand.
Die Kleidung mag später kommen,
tapfer gehen wir nach vorn.

pamoja (Kiswahili) für gemeinsam. Üblicherweise wird der Ausdruck verwendet, um das Gefühl der Zusammengehörigkeit zu bezeichnen, das errichtet oder an dem aufbauend gearbeitet wird.

ICH VERWANDLE MICH IN LIEBE

In Zeiten wie diesen
wenn der Schlüssel
im Uhrzeigersinn gedreht wird
und Freiheitsentzug mein einziger Freund
besiegt ist, weil sich die Türen öffnen
verwandle ich mich in Liebe.
Eine zuverlässige Blume wächst
Hülle und Fülle treten ein
beseitigen Begrenzungen
wie es immer sein hätte müssen.
Ich sitze im Trockenen
und träume von Fluten
die nicht zerstören.
Ich sitze im Gras
und sehe zahlreiche Blumen
die ungeschnitten wachsen,
sie umgeben mich verbreiten sich weiter
über Meilen und Lächeln und ferne Länder
unsere Bäume
umgeben mich und dich und alle.
Wir fliegen.
Aber für dich, der den Schlüssel gedreht hat,
um die Türe zu öffnen und
all die wuchernden Blumen
in Lächeln der Freude zu wandeln,
verwandle ich mich in Liebe.

Und sollte mich die Grenzpolizei in den Mangel
zurückjagen
und mich in den Sanden der Wüsten
zurücklassen
für alle Herzen verloren die mich gekannt
sehe ich einen Wassertropfen
der zärtlich, schmelzend, auftauend
auf einen Blatt

aus fernen Ländern kommt
Er wächst, fließt in mein Auge:
Unsere Flüsse.
Dann
in einer Flut glühender Gedanken so warm,
wie wir unsere Arme tätig erhalten
und wie wir einander umschlingen.
Eine Flut der Worte wie
das Gras Weisheit sät und die Blumen
die Liebe zum Blühen bringen
wie die Sonnenblumen im Uhrzeigersinn
die Wüste kühlen und durch Überfluten
in eine Oase des Lebens wandeln,
um von dort nicht wegzugehen.
Ich verwandle mich wieder in Liebe.

LIEBE IN JETZT

Gestern erhob sich die Sonne über Nairobi
nach Tagen endloser Dunkelheit.
Aber mein Herz erhob sich nicht
ich konnte deine Stimme nicht hören.
In der ländlichen Art meiner Geburt
erwachte ich heute, um
die Morgenröte, in Orange prächtig funkelnd
die Wolke des glänzenden Staubs zu finden.
Von der Dämmerung völlig umgeben
erwachst du wirklich an diesem Morgen
der Morgen bleibt bei dir wie auch die Jugend
gleich einem Zeichen auf deinem Gesicht
im Jetzt.
Mittag ist's, doch der Morgen
verbleibt noch immer in meinem Herzen
und ich werde ihn bis zum Sonnenuntergang
bewahren,
wenn im Jetzt,

er mit dem kleinen Abend verschmilzt,
die Sterne scheinen.
Auf dem Mond werde ich gehen,
meine ersten Schritte,
des Dichters Ungestüm,
um die matten Sterne aus der Nähe
zu betrachten,
wenn ein andrer Morgen summt,
und meinen wahren Namen ändert
zu einem mehr mir entsprechenden
der immer schon mein war
zu einem mehr klingenden.
Ein Name, der mich ruft, mich;
und den das Dorf
kennt, im Jetzt
und zu jeder Zeit.
Pamoja.

Alle Gedichte aus dem Englischen
von Helmuth A. Niederle

Marlen C. KÜHNEL

geboren in Wien im Zeichen des Zwillings, schreibt bereits in ihrer Jugend Gedichte und Kurzgeschichten. Nach einem Sprach- und Wirtschaftsstudium arbeitet sie erfolgreich im internationalen Management. Ab 2000 wird Schreiben zur Berufung. Dem Lyrikband „Alles nur Fassade" folgen Liebesromane und Kurzgeschichten sowie literarische Fotokalender. Veröffentlichungen in etcetera, LOG und Literamus. Organisatorin von internationalen Literatursalons im Palais sowie kreativen Schreibworkshops im Schloss.

GUTEN MORGEN

Wenn sich der Morgen
in deinem Gesicht spiegelt
und mit dem Liebreiz tanzt,
wenn die Zärtlichkeit
aus deinen Augen leuchtet
und dein Mund sich im Lächeln erweicht,
dann atme deine Zufriedenheit
und eile in den Tag voller Freude,
mit einem Lächeln auf deinen Lippen,
das der Morgen dahin gezaubert
und das Meer singt uns jene Liebeslieder,
die bei uns Anker werfen,
für Tage, in denen das Grau überwiegt.

GLEICHKLANG

Wenn zwei Menschen sich berühren,
sich ineinander ganz verlieren,
dann stoppt die Zeit
und fließt in Unendlichkeit!

Wenn zwei Körper danach ruhn
und Wärme fließend greift,
dann tropft die Zeit
in Glückseligkeit!

Und nichts auf dieser Welt
kann damit konkurrieren.
Aller Reichtum, alles Gut
versinkt in des Lebens Flut!

Nur die Wärme, nur das Sein
im Gleichklang der Gefühle
möge in großen Kreisen schwingen
und für alle Heilung bringen!

BLIND

Blind vor Liebe,
grausam
das Erwachen.
Blind vor Eifersucht,
höllisch
der Schmerz.
Blindgänger,
unkontrollierbar,
bedrohlich.

Unsere Augen
führen uns
in die Irre
menschlichen Seins.
Nur Dein Gefühl
lässt dich sehen
und Glückseligkeit
trinken!

ZEITLOS

Der Duft der Liebe
hängt im Raum.
Das Ticken der Uhr
hört man kaum.

Die Zeiger der Uhr
drehen die Runde.
Die Wärme der Liebe
vertreibt jede Stunde.

Der Tag geht zur Neige,
die Liebe bleibt.
Körper sich finden,
Sehnsucht sie treibt.

Die Zeit verliert Macht,
sie tickt ohne Sinn.
Gefühlen sie weicht,
nur sie sind Gewinn!

Die Nacht sinkt hernieder
die Liebe wird tief.
Die Zeiger gehen weiter,
denn die Ewigkeit lief ...

Die Liebe als Weg,
um zeitlos zu sein,
lässt Menschen hoffen,
von Ängsten befrein.

Der Raum wird zur Welt,
die Zeit wird nichtig.
Wenn Menschen lieben,
ist nichts Anderes wichtig!

DAS PAAR

Sie betraten gemeinsam den Raum,
sie berührten einander kaum,
und zeigten doch ein Zusammensein,
das so förmlich zu greifen war
und aus ihren Blicken sprach
und da war plötzlich allen klar,
wie ohne Liebe das Leben brach.

Sie waren der Spiegel der Welt,
sie verstärkten der Liebenden Tun
und zeigten, was nicht gefällt,
was passiert durch herzloses Ruhn.

Sie waren ein Beispiel fürs Leben
voll Hingabe und Zuversicht,
um dem Augenblick alles zu geben,
was uns führt ins Licht.
Sie schwebten in ihrer Welt,
voll Liebe und Vertrauen
und was an anderen uns gefällt
kann unsere Häuser bauen.

ES WAR EINMAL

Es war einmal
und es war manchmal schön:
Die Sehnsucht hatte einen Namen,
die Hoffnung ein Gesicht.
Was blieb, das ist ein Ahnen,
Erfüllung leider nicht.

Es war einmal
und es war manchmal schön:
Die Liebe hatte ein Ziel,
die Lust den Garten.
Was blieb, das ist nicht viel,
Erfüllung musste warten.

Es war einmal
und es war manchmal schön.
Die Sehnsucht ist ohne Namen,
die Hoffnung ohne Gesicht.
Was bleibt, das ist ein Ahnen,
am fernen Horizont ein Licht!

ALLUMFASSEND

Dort turtelt ein Pärchen,
du stehst allein.
Siehst ihre Küsse
trunken wie Wein.
Spürst ihre Liebe,
tief und vertraut.
Wendest dich ab,
denn wo Liebe gebaut,
gibt es auch Schmerz.
Nein, den willst du nicht!
Dort streiten zwei Menschen,

du stehst allein.
Siehst ihr Unglück
aus ihnen schreien.
Spürst ihren Hass
tief und verletzend.
Wendest dich ab,
denn wo Hass
glühend regiert,
gibt es immer noch Liebe.
Nur sie wissen es nicht.

Dort steht ein Baum
groß und sehr stolz.
Du siehst seine Stärke,
sein wertvolles Holz.
Spürst seine Kraft
tief zu dir strömen.
Neigst dich ihm zu.
Denn wo eigene Liebe
Stärke umhüllt
wachsen Triebe ans Licht.
Du ruhst eins in deiner
wohligen Mitte
und spürst Liebe.

BITTERSALZ

Wieder
verblühen die späten Rosen.
Wieder
ziehen die Vögel nach Süden.
Wieder
bleibt Leere
im verletzten Ego,
im verlorenen DU.

Wieder
paaren sich Käfer.
Wieder
bleiben Wunden
im tränenden Herz,
in erstorbener Liebe.

Wieder
das Spiel
bis zum bitteren Ende.
Bis der Kelch
leer.
Rosengetränkt damals
Bittersalz
heute.

MUTTERGLÜCK

Mit dem
ersten Schrei
kullert Liebe
in Mutters Herz.
Zwei Wesen
sind neu geboren.
Jedes Lächeln
unvergleichliches Glück.

Jedes Weinen
erschrockenes Mitleiden.

Unvergleichbare Liebe
bis über den Tod hinaus.

LEBEN

Vögel, die geboren
dürfen fliegen;
Tränen, die geweint
dürfen versiegen;
Herzen, die sich finden
dürfen lieben,
Hoffnung,
die geboren
wird so siegen!

LUST

Zwei Körper aneinander geschmiegt,
Haut perlt auf Haut,
steigert die Lust.
Lippen trinken Verlangen
bis zur Ekstase,
die leise verebbt im Meer
wie die Brandung,
die sich langsam verströmt
im Wohlgefühl
einer Weite,
die in Ewigkeit mündet.

VERLIEBT

Dieses Wollen
nach Mehr
und nach Tiefe,
dieses Streben
nach Zweisamkeit.

Dieses Wollen
nach Nähe,
Vertrautheit.
Dieses Streben
nach Gleichklang.

Und im Yin
und Yang der Gefühle
liegen
die Vorboten
der Liebe.

EWIG

Ewig will ich spüren
deine Hand auf meinem Haar.
Wie sie schützt und wärmt,
streichelt wunderbar!

Ewig will ich atmen
deine Haut geschmiegt an dich.
Wie sie duftet, wie sie wärmt
und umhüllet mich!

Ewig will ich schauen
in dein zärtliches Gesicht.
Wie es leuchtet, funkelt,
selbst im dunklen Licht!

Ewig will ich halten
deine Liebe wunderbar.
Und in dir versinken
morgen auch und manches Jahr!

Gerhard LEITGEB

geboren 1937, lebt in Wien, schreibt Lyrik und Kurzprosa. Zahlreiche Veröffentlichungen in Zeitschriften und Anthologien im In- und Ausland, Lyrikbände: "Rabenfeder", Gedichtsammlung "herbsüß Eine Spätlese", Liebesgedichte. Derzeit: Generalsekretär des Verbandes Katholischer Schriftsteller Österreichs.

HERBSTTAG

Verzauberter Tag
im späten September
beglückendes Spiel
zum Ende der Jahre

Wellengeflimmer
und tanzendes Licht
Leuchtpfad
ins Land der Erfüllung

Drängendes Schweigen
fragende Küsse
La dolce paura
süße Angst

Hämmernder Herzschlag
verstrickt und gefangen
im Netz
aus silbernen Träumen

WIEDER EINMAL DIE SONNIGEN TAGE

Herzfrequenz pubertär
Ruhepol in beglückender Lage
leider ohne Gewähr

Wieder einmal die Flügel beschnitten
bis hin zum Gehtnichtmehr
Bis dato durch das Gelände geritten
gallsüß im Ungefähr

Wieder einmal in Gewahrsam genommen
unerträglich zahm
verblüffend gern zur Ruhe gekommen
verstört und flügellahm

Wieder einmal verliebt wie ein Knabe
schmachtend im Monat Mai
endlich zuhause der suchende Rabe
im Käfig der Liebe – doch frei!

DER MOND

wirft einen letzten Blick
auf mein einsames Lager
Mit kaltem verlöschendem Licht
zerstört er
die Hitze meines Traumes

Was bleibt
ist die Kontur
deines elbischen Körpers
auf der Netzhaut
meiner geschlossenen Augen

UNDINE

Aufgetaucht
aus den Tiefen des Meeres
die Augen smaragdgrün
Geheimnisse bergend
warfen den magischen Bann

Lange schon abgestreift
die Haut ihres schuppigen Leibes
Im Licht des Mondes
glänzt silbern ihr Haar

Und rufst du sie leise
beim richtigen Namen
steigt sie an Land
und holt dich hinein
in die flutende Liebe
der Frau aus dem Meer

NUR NOCH …

Gestern hab ich dich gesehen,
und alle Uhren standen still.
Dein Herzschlag ist es nun,
der meine Zeit bestimmt,
dein Atem,
der sich mit dem meinen mengt.

Und lilienweiße Sehnsucht
trägt mich durch den Tag.

Wie eine Knospe in der Sonne
ist meine Liebe aufgeblüht
und blüht nur noch
für dich.

DAS LACHEN

in deinen Augen
hat das Dunkel
aus meinem Herzen
vertrieben
Und alle Früchte
der weiten Welt
die blauen, die gelben
und die roten
sind nichts
gegen die Süße
deiner Küsse

Wenn du mir
eines Tages
deine Küsse versagst
dann lass mir wenigstens
das Lachen
in deinen Augen

DU, EINE SCHNURRENDE KATZE

in meine Armbeuge geschmiegt

Ich mit klopfendem Herzen
bewegungslos
meine zärtliche Hand
auf dem kleinen
bewaldeten Hügel
unterhalb des Sterns
deines Nabels –
fast schon ertrunken
im Glücklichsein

TRITT LEICHTEN FUSSES EIN

in die Stille
des unbestellten Gartens
Blumen werden erblühen
unter deinem Blick
und ihr Duft wird wehen
im Hauch deines Atems.
Sicheren Schrittes
wirst du einhergehen
im Spielraum
d e i n e r Umzäunung
und kein Mut wir nötig sein
das Spiel zu spielen
aus dem Stegreif
oder nach eigenen Regeln.

VON EROS BESEELT

schmiegst du dich ins zerwühlte Bett
zufrieden schnurrend wie eine Katze
gesättigt von Liebe

Ich aber gehe zurück
in mein Alleinsein
verliere mich in der Teilnahmslosigkeit
der Menschen

und die Sehnsucht nach dir
überfällt mich
wie ein süßer brennender Schmerz

WENN VOR MEINEM FENSTER

der junge Tag umhergeht
und beginnt
die nächtlich verborgenen Dinge
zu enthüllen
liege ich still im Bett
und halte die Augen fest geschlossen
damit sie im Frühlicht
das Geheimnis unserer Nacht
nicht verraten.

HOMMAGE

Wange legen
auf deinen Schoß
Wärme fühlen
an deinem Schoß
Liebe spüren
in deinem Schoß
Freude empfangen
durch deinen Schoß
Leben erzeugen
in deinem Schoß
Leben gebären
aus deinem Schoß
sämtliches Leben
d u r c h deinen Schoß
Wange legen
auf deinen Schoß

DER SCHLAF

ist der kleine Bruder des Todes
Er ist verspielt und freundlich
wir sind Gast in seinem Reich
und nie verwehrt er uns die Rückkehr
in unsere eigene Welt

Solange Atem den Raum füllt
und Traumsequenzen
unser Gesicht beseelen
solang ist keiner allein
denn die Liebenden
leben ihr Leben weiter im Traum

Nur dann
wenn der große Bruder
einen der beiden ins Dunkel stößt
sitzt der andere verstümmelt
in den Trümmern
seiner zerbrochenen Welt.

Anton MARKO

geb. 1971 im Kosovo, absolvierte die pädagogische Hochschule in der Studienrichtung albanische Sprache und Literatur, dann Jus an der Pristina Universität, Masterstudien in Wien. Veröffentlichte bisher fünf Gedichtbände, die ins Englische, Deutsche, Rumänische und Kroatische übersetzt wurden.

BRENNEND

bei unserer ersten Begegnung
schienst du noch
wie eine harmlose Flamme

beim nächsten Treffen
warst du schon
ein ungelöschtes Feuer

Ein Vulkan der Liebe
bedeckt uns seitdem
in schlaflosen Nächten

Laura

DEIN SCHWEIGEN

An deiner Stelle
würde mich jede andere
sofort verlassen

Doch, du gingst nicht weg
als ob nichts geschehen wäre

Du bliebst
um zu sehen
wie ich leide
wenn du schweigst

AUGEN

In Deinem Blick
sah ich nichts anderes
als nur eine neue Liebe
und das wahre Gesicht
der verbotenen Leidenschaft

fremder Schmuck
bedrängt deinen Körper

der letzte Kuss
dünn wie heiße Luft
war nicht mein Kuss

DU WARST ANDERS

mit hebelhaften Augen
küsstest du den Wind

vollständig
entzwei

feucht gelangte zu mir
der Dampf von dir

nach dir
bleibt nichts

DER NEUE TAG

Der Zug war abgefahren
das Gestern warf das Handtuch

Keiner wollte zurückblicken
an die wortlosen Tage denken

Auf die weiß gedeckten Tische
die Luft wurde heiß

Sie ließen die Liebe
durch Küsse erwachsen

und versanken zusammen
in einem tiefen Traum

DAS ENDE

Bevor sie ging
lag sie ihre Finger
auf meine zitternden Lippen

Dann flüsterte sie leise:
-Vieles schönes
haben wir verpasst!

Ich küsste ihre
traurige Augen

Sie umarmte mich fest
bis ich spürte
wie das weinende Herz schlägt

Ungesagt blieb
das letzte Wort
Keiner von uns
wollte es hören

Es würde bestimmt
schmerzhaft klingen

Beide wussten es
dass es vorbei war

Seitdem
Tropfen ihre Tränen
wandern auf meiner Haut

Ich zähle immer noch
verlorene Küsse

VERLASSENE WEGE

Alles andere
außer Zeit
ist ersetzbar

Auch die Liebe
kann neubelebt werden
Wunden nochmals geheilt
verlorenes wiedergefunden

Erst wenn das Ende nähert
wird endlich klar
wie viel man
vom Leben
vermisst hat

Ishraga
MUSTAFA HAMID

geboren 1961 im Sudan, lebt seit 1993 in Wien, studierte Publizistik in Omdurman und Wien, wo sie ihr Doktoratstudium am Institut für Politikwissenschaft abgeschlossen hat. Autorin, freie Journalistin und Lektorin.

VOLLER VERLANGEN

Nimm die Dornen von den Fischen meines Herzens
Wiege die Traurigkeit meines Blutes auf dem Schoß
der barmherzigen Wellen
Dann blühte der Schaum der Tränen auf.
Ihre Asche steht in den Ebenen der Hoffnung.
Sturm und Ruf.
Wiege mich
Um den Orkan der Sehnsucht
In der Seele mir zu stillen
Schüttle den Schaum meines Geschreis
Auch die Macht meiner Dämmerung in dir
Küsse mich tief
Und widme mich den Spinnen des Schweigens.
Dann verlass mich und komm mir nie zurück.
Wie der Weihnachtsbaum atme ich tief ein.
Röcheln
Der Schnee hüllt meine Totenklage aus
Gegangen sind die Freunde der Nacht
Einsam mit sehnsüchtigem Gedächtnis blieb ich.
Auf meinem sind die Töne aufgehängt
Spielte für die Feuer
Um die Trommeln deines Körpers aufzuwärmen
Meine Tränen sind das Weinen der Kerzen.

DAS VERBRENNEN DER NACHT

Lärm meiner Erzählung
Für wen tanzen denn die Tauben meines Herzens
Wenn die Freunde der Nacht weg sind?
Auf den Jesus kreuzte ich meine letzte Hoffnung
Und tanzte. Oh, Weihnachtsbaum.
Du, Kronzeuge auf dem Weg meiner Geduld.
Ich versteckte meine Trümmer – dann ging ich fort.
Sei nicht traurig über das Zerbrechen der Korallen.
Die Trauer ist die Asche der weißen Unterdrückung
Klirren in den Tassen meiner Mutter
Kaffeebäume
Finger, die mich wehmütig machen
Ich glühe in meinem Feuer und umarme seine
Flammen
Oh, meine Flöte
Sultan meines Herzens
Die hoch aufstrahlende Pinie in voller Befreiung
In der Glanzzeit des Atems
Und im Regen des Verlangens
Nur Entzündung
Sei tapfer
Und nimm mich von dem Teig deiner Seele
Schmaler Pfad zwischen meinem Hineinzwingen
und der Wolle meines Verlangens
Zwischen den Mauern meines Wesens
Ich bin einsichtig.
Deine Augen sind die Feuerschiffe des Exils
Stehe in der Reihe meines Wartens
Bete für meine Leidenschaft
Und sei für mich

ENTFLAMME NICHT

Damit die Asche der Lieder sich auf meiner
Herzspitze nicht zerstreut
Ich kam zu dir mit ermatteten Schritten.
Verrückt wurde ich, als ich dich und mich auf den
Händen ins Feuer trug
Feuer fangen
Drängt in mich ein.
Frost in die Herzenshitze
Ich rufe sie auf
Öde ist der Tag , Oh Feuer
Grausam trete ich ein
Gefressen habe ich meine Sehnsucht
Und das Salz der Treue
Die „Weiße" meines Gedächtnisses erschöpft mich
Meine Pinie bleibt aufrecht,
Erblickt die ausgelöschten Sterne
Ich fluche in deine Himmelslichter
Die Fahne der Herausforderung erheitert mich
Schminken für dein Ankommen
Mit volltrunken, sehnsüchtigem
Verlangen rufe ich dich auf
Komm zu mir
Schreibe mich auf die Tür des Vergessens.
In das Wurzelwerk eines freundlichen Baumes
Lass die Tür der Schlaflosigkeit frei

NUR EINMAL NICHT MEHR

Komm einen weiteren Schritt und bebe nicht
Habe keine Angst vor dem zaubernden Fluss
Wir feierten oftmals mit den Regentropfen
Einen Tropfen auf den Garten
Zwischen deinen Augen
Einen anderen auf die Spitze der Hemmung

NÄSSTE DIE HITZE

Du, der Abwesende in der Zeit
In dem sich die Vorhänge des Erlöschens auf meine
Sterne niederlassen
Sei mir vorsichtig
Über meinem Herzen hängt eine süß-saftige Frucht
Wüste im Schaum der Sehnsucht
Und Du ...
Du bist eine sture Freude
Der Rauch meines zaubernden Schreibens
Ist die Würze deiner Seele
Sandelholz spaltet die Bäche meiner Leidenschaft
Und ich erwarte von dir nur Sand
Oder Tränen, die mich das Stur sein lehren
Die in deinen Pupillen beheimatete
Traurigkeit versagte mir, sie zu benetzen

Dein Tau macht mich trunken
Die tiefen Atemzüge auf dem Laken unserer
letzten Nacht
Die Reste deines Kaffees auf den
Ausschnitten meiner Lieder
Mein schaumiger Ingwer

Und die Farbe des Jammers
Oh, meine Farbe
Erstrahle einmal im Gelingen
Und spalte mich in See und Fluss
Denn meine Sehnsucht singt
Schreibe ihr, Oh mein Geliebter,
Und sei nicht geizig
Schmilz nicht ihr Eis
Das liegt auf den Alpenbergen

Helmuth A. NIEDERLE

geb. 1949 in Wien, Autor, Übersetzer und Herausgeber, seit 2011 Präsident des Österreichischen PEN. Zuletzt: fuoco amico. Poetischer Eigenbeschuß (2016); Wandelgänge (2017); als Hg. gem. mit Philo Ikonya: Schwarze Orphea/Black Orphea. Bedeutsame Wut/Relevant Rage (2016; alle Löcker Verlag).

GESTERN UND NÄHE

Wenn ich dich begehrend streichele
und du
dich an mich drängst
und anstatt fiebrig zu werden
sachte langsam
immer tiefer in den Schlaf sinkst
freue ich mich
du fühlst dich geborgen
und ruhst ganz nahe neben mir
wegen der vielen Arbeit müde

Diese Vertrautheit ist kostbarer
als die Lust früherer Jahre

ZWEISAM

Wenn unsere Leiber
zu warmen Körpern geworden sind
und die Rhythmen finden
die nur uns gehören
uns die Hitze der Erregung packt
sich Nektar
an den Zungenspitzen mischt
wissen wir
hinter all dem Körperlichen
gibt es etwas
was wir noch mehr lieben

WORTE DER LIEBE
(bei ausgeschalteter Vernunft)

Echte Perlen möchte ich dir schenken
aus einem Land
in dem es kein Wasser gibt

Ein Haus möchte ich dir bauen
nicht aus Stein und Ziegel gefügt
mit einem Dach
das stets offen
durch das der Regen fällt
und das soll in einer Gegend stehn
in der es niemals regnet

Dich möchte ich
im Schatten einer Palme sitzen sehn
in einem Land
in dem keine Bäume wachsen

Über die Berge
möchte ich mit dir fliegen
auch wenn es keine gibt
und in Seen baden
die längst vertrocknet

Und wenn wir alt sind
bauen wir die Sandburgen der Kindertage fertig
damit sie uns den Sarg nicht liefern können

Du verstehst meine Worte
auch wenn sie keinen Sinn machen
sie sind unsere Geheimsprache

Meine deine unsere Worte sind so unmöglich
wie unsere Liebe
so vertraut wie fremd
  zart wie wild
  lächerlich wie ernst

KELTERN

Wenn dein Körper
zu einem Blatt des Herbstes wird
– zitternd und bebend –
dann nicht
weil er welkt
sondern der Vollendung entgegen reift:

aus Sturm wird Wein

Christine NYIRADY

geboren in Innsbruck, studierte Gesang und Klavier am Tiroler Landeskonservatorium der Stadt Innsbruck. Fortbildung in Graphik und Fotografie in Zürich. 1968 entstehen die ersten Fotocollagen, Holztafelbilder, Objekt und Textbilder. Zahlreiche Bücher mit Lyrik und Malerei, Publikationen in diversen Anthologien und Literaturzeitungen und Magazinen.

DIE BETTLERIN

Kopf und Haar mit einem schwarzen Tuch
verhüllt, den Rücken tief gebeugt,
sitzt sie auf der Straße.
Demütig und hungrig hält sie beide Hände
geöffnet nach oben.

Schritte verwirbeln Schnee und Kieselsteine,
achtlos hingeworfene Münzen fallen in
eiskalte Handkelche.

Auch sie hat vielleicht einmal stolz mit
Blumen im Haar um ein nächtliches Feuer
getanzt.

Die einstige Glut in ihren Augen hat sich
verschattet wie graue Asche.
Kälte und Vergessen wehen über sie hinweg.
Keiner kennt ihren Namen.
Eine wehrlose schwarze Rose.

DIE SCHWARZE ROSE

Du Schwester,
wenn es geschieht, dass dich eines Tages
die innere Lähmung erfasst und dir verbietet
wie gewohnt, voraus zu preschen, ist dies
vielleicht eine Mahnung, ruhig und demütig
in dich hinein zu hören!

Aug und Ohr zu öffnen für die alte Frau,
die da am Ende des Weges steht und dir
freundlich zuwinkt.
Wir wissen beide, dass sie es ist, die uns
eines Tages nach Hause führen will.
Wo blüht sie, die ersehnte schwarze Rose?

Komm, wir ziehen gemeinsam los und
wollen es wagen:

der Täuschung des Spiegels zu widerstehen,
die Umarmung süßer Mittelmäßigkeit zu
meiden,
auf leisen Sohlen der Bedachtsamkeit wandern.

Den Gleichmut wie eine Kappe über die Ohren
ziehen, Eitelkeiten streichen, den Rost
leidenschaftlicher Besessenheit abkratzen.
Die Sehnsucht lass uns wegduschen, glühender
Begierde auf ihre groben Pfoten hauen.

Du Schwester,
wenn wir dann nackt, ruhig, gelöst da sitzen,
frisch duftend nach unserem Geschlecht,
sind wir offene, samtweiche Gefäße
für all das so lange Verschwiegene.

SIESTA

Hier am Ufer der Stille,
die meinen Pulsschlag berührt,
träumt im Schilf versteckt mein Herz.

Auf sommerheißen Steinen ruht die Zeit,
ein Vogelpaar zieht leise seine Bahn.

Von Nacht und Küssen körpertrunken,
verloren an die Sinne, strömt meine Welt
hinaus und kehrt mit jeder Welle versöhnt
in ihren Kreis zurück.

GELIEBTER

Fern von Dir
verschmäht mein Segel
den Wind

TIEFFLUG

Beim Tanz mit dir auf Rosenwolken
hat ein unbedachter Schritt genügt,
im Dornenbett zu landen.
Donner kracht und glühende Blitze
jagen in meinem Körper kreuz und quer.

Beim Tanz mit dir auf Rosenwolken
bin ich hoch geflogen
tief gefallen und dornscharf
auf den Boden der Tatsachen
zurückgekehrt.

ZEITVERLOREN

Früher flog mein Herz als Schwalbe
von einem Jahr ins andere.
Zeit war keine Zeit und noch nicht
in tausend Scherben zerbrochen.
Heute torkelt ein müder Herzfalter
von einem Tag zum anderen.

Erinnerungen kauern im Zwielicht
und hoffen frühlingsfrisch zu erwachen.

VORSATZ

Solange meine Kräfte mich tragen
werde ich mein Feld bestellen
in Liebe und Demut
ohne Erwartung der Ernte
zum Segen für uns alle

AHNUNG

Erst in der Erkenntnis,
dass unsere Schwächen auch
Stärke und ein Verlieren auch
Sieg und Chance bedeuten,
finden wir zurück auf den Pfad
des Friedens und können
neue Wege finden.

FRAGE

Wer zwingt uns
auf der dünnen Eisdecke
halbherziger Entscheidungen
zu tanzen anstatt Träume blühen
zu lassen und echte Taten zu setzen?

AUFRUF

Wir können nicht aufmerksam und
hellhörig, liebevoll und friedfertig
genug sein, mit allem, das uns umgibt,
um am Abend sagen zu können:
mein Tag war sinnerfüllt.

Ich danke meinem inneren Schöpfer,
trotz unendlichem Leid auf unserer
Erde, dass ich lebe, lieben und immer
noch auf eine Welt hoffen kann, in der

Jeder Mensch als Gleichwertiger gilt,
egal welcher Hautfarbe, Profession,
Nationalität oder Religion,

so er seinen Nächsten nicht demütigt,
quält, beraubt, verletzt oder brutal ermordet.

BLICK ZUM HIMMEL

Chagalls Blau
Lichtgarben in Gold

Zärtlichkeit eingewebt in
Regenbogenfarben

Sekunde und Ewigkeit
in deiner Umarmung

Dorothea NÜRNBERG

geboren in Graz, studierte in Graz und an der Sorbonne/Paris, war mehrere Jahre im Kunstmanagement tätig, lebt in Wien. Zu ihren wichtigsten. Werken zählen Lyrikzyklen, Romane, Erzählungen, Kunstfotografiebücher, lyrisches Musiktheater sowie ein Filmdrehbuch für Wega Film Wien/Eagle Films Mumbai. Literarische Beiträge für Anthologien, Literaturzeitschriften, Kunstkataloge und Ausstellungen.

AUFSCHREI

Geh nicht fort
aus den schwarzgelb zerredeten Nächten
aus den rotgelb erstorbenen Tagen
aus den blaugrün ertrunkenen Stunden

Geh nicht fort
aus dem sinnlos zerbrochenen Lachen
aus den nutzlos vertrockneten Tränen
aus den selbst geschlagenen Wunden

Es wird nicht gelingen
wir werden die Liebe nicht bezwingen
ihr Eisen ist härter
als unsere Pfeile

geschmiedet
aus Machtgier
aus Stolz
und aus Wut

BEI DIR

EinGehüllt
in den Mantel Deiner Liebe

EinGewebt
in die Fasern Deiner Hoffnung

EinGestrickt
in die Netze Deiner Angst

EinGemauert
in den Höfen Deines Schweigens

EinGekerkert
in den Türmen Deiner Erwartung

Erkenne ich mich
AusGegrenzt
bei Dir
und EinGegrenzt
von mir

BEGEGNUNG

Gedankenflug
ergriffenes Erwachen
SelbstEntrückung
EntGrenzung des Ich

Aufbruch der Herzen
aus dunkelnden Räumen
Zielpunkt der Sehnsucht
in Blicken aus Licht

Schwebend entglitten
den Fängen der Schwere
wirbelnde Nähe
zwei Herzschläge lang

Erkennend berühren
Erahnend begegnen

Der Pulsschlag der Welt
zusammengeballt
im Beben Deiner Hand

SPURENSUCHE

Ich dachte
ich hätte Dich gefunden
ein Gedanke von Dir
lag so einsam im Gras

Ich meinte
ich hätte Dich vernommen
ein Herzschlag von Dir
klang so still durch die Nacht

Ich träumte
ich hätte Dich erkannt
ein Blick von Dir
drang so licht durch die Nebelwand

Ich hoffte
ich hätte Dein Wesen berührt
ein Ahnen von Dir
ist mir im Herzen erblüht

ZEITVERSCHIEBUNG

Ich träume mit Dir
in der Wintersonne
während Du
auf tropischen Meeren treibst

Ich webe mit Dir
eine Sonnenkrone
während Du
Gedichte aus Mondlicht schreibst

Ich gleite mit Dir
durch blaugrüne Kaskaden
Du wanderst mit mir
auf dem Sternenwagen

Ich laufe mit Dir
durch die Sturmflut der Zeit
Du träumst mit mir
von der Ewigkeit

PROJEKTIONEN

Mit Dir
im Spiegelkabinett der Träume

Du blickst Dich an
in meinen Augen
die Quellen Deiner Sehnsucht
aufgespürt
in mir

Mein Blick zu Dir

verdrängtes Ahnen
bebendes Hoffen
freigelegt
in Dir

VerWirrung der Sinne
Sturzbach der Träume
Wirbelnde Punkte
auf klirrendem Glas

EinWärts blickend
suchen wir
den AusWeg
aus den Prismen
selbstgezeugter Bilder

rettend
unsre Wahrheit
vor der Sehnsucht
unsrer Gier

UnGeteilt

Ich taste
nach Deiner Stimme
und sehe
das Schweigen der Quelle

Ich trinke
aus Deinen Blicken
und schmecke
das Leuchten der Erde

Ich atme
in Deiner Haut
und rieche
die Farben der tropischen Nacht

Ich höre
Deine Gedanken
und schweigend
tasten wir
die ungeteilte Leere
in zweigeteilter Fülle
zeitzergrenzt
und raumerdacht

UnSichtbar

Auf dem
unsichtbaren Teppich
meiner Gedichte
in denen
das Leben
durch mich hindurch
sich
niederschreibt

fliege ich
mir selbst noch unbekannt
nach vorne
zu den Quellen
meines Ursprungs
wo die Liebe
auf mich
wartet

WeltBeGrenzung

Wir dachten
wir könnten das Sein
in Worten erfassen

Wir versuchten
die BeGrenzung der Welt
durch Worte zu verlassen

Wir erinnerten uns
'Die Grenzen Deiner Sprache
sind die Grenzen Deiner Welt'

Intuitives Erfassen
in Worten zerredet

Zärtliches Ahnen
durch Worte vermauert

Schwebende Sehnsucht
an Worten zerschellt

Die Grenzen unserer Liebe
sind die Grenzen unserer Welt

ZeitenWende

Spuren im Wegelosen
Zerriebene Muscheln im Sand

NichtGelebte Nähe
angespült an grauen Fels

NichtEntfaltete Zärtlichkeit
aufgelöst in weißem Schaum

NichtErglühte Sehnsucht
verdorrt auf sonnenverbranntem Strand

Auf den Wellen
treiben
blaue Gedanken
salzverkrustet
windverlacht

In den Wellen
erwacht
die Liebe
zum Ausbruch
aus der milchigen Nacht

SonnenFlug

Zeitentbunden raumgelöst
schwebt unsere Sehnsucht
durch den keimenden Frühling
zergeht unsere Hoffnung
unter tropfendem Schnee
verweht unsere Nähe
über schmelzendem Eis

Erwachen unsere Stunden
in blauweißem Dunst
erhebt sich unsere Zärtlichkeit
aus abgestorbenem Laub
erglüht unsere Liebe
auf sonnendurchflutetem Feld

Zwei Raupen
breiten ihre Flügel
und stürzen
verwandelt
in lichttrunkenem Flug
aus dem Tod
ins Leben
aus dem Werden
ins Vergehn

BlauGrüne Verflechtungen

Ich male
unsere Liebe
in verhaltenen Stimmen
blaugrüne Worte
auf leuchtendem Grund

Ich singe
unsere Liebe
in erwachenden Farben
grünblaue Punkte
aus schillerndem Klang

Ich schreibe
unsere Liebe
in verborgenen Bildern
blaugrüne Töne
im sprachlosen Wort

Ich flechte
unsere Liebe
aus grünblauen Funken
es schreibt sich ein Bild
in lichtgelbem Gesang

Einheit mehrGeteilt

mein Denken
wandert
im Exil

mein Fühlen
fließt
aus der Quelle

mein Verstehen
läuft
in die Fremde

mein Ahnen
zeigt
mir den Weg

mein Wissen
spielt
mit dem Zweifel
mein Vertrauen
weist
in die Mitte

meine Erfahrung
fordert
zu werden

die Liebe
lehrt mich
zu s e i n

AufErstehung

HerausGefallen
aus den Spielen der SelbstEntfremdung

HinausGestoßen
aus den Kämpfen der Mächtigen

HerausGetreten
aus den Zwängen der Sicherheiten

B in I c h

EinGetreten

in das Schweigen der Selbstfindung

AufGewacht
aus dem Schein zum Leben

AufErstanden
in die L i e b e
die mich trägt

LosGelassen

UnErwartet
fordert die Liebe
ihr UnZeitgemäßes Recht

UnErkannt
wartet die Liebe
in UnZeitgemäßem Kleid

UnVerhofft
singt die Liebe
ihr UnZeitgemäßes Lied

Ich wage den Sprung

und falle

vorbei
an gläsernen Wänden
an hölzernen Fenstern
an stählernen Toren

ins Licht

Liane PRESICH-PETUELLI

geboren in Eisenstadt, studierte an der Hochschule für Musik und an der Universität Wien Geschichte. Als Pianistin und Lyrikerin hat sie sich über die Grenzen Österreichs hinaus einen Namen gemacht. Die größte Anerkennung erreichte sie durch ihre Scherenschnitte, mit denen sie sich seit ihrer Kindheit beschäftigt. Über 100 Personalausstellungen in Österreich und in Ausland. Mehrere veröffentlichte Bücher.

FINALE

noch lag mein Leib, dem deinen eng verschmiegt,
von gleicher Sinne Beben eingewiegt,
da brach in mich Gewissheit, schwer wie Blei:
es ist vorbei.

Was riss mich auf – ein Hauch, ein Wort, ein Blick -
warf mich von dir jäh in mich selbst zurück,
erpresste mir wie Überfall den Schrei:
es ist vorbei?

War jemals Wahrheit? Wann begann Betrug?
Ich gab, ich nahm, wie du. Es schien genug.
Nun steh ich fremd vor dir, verstört und scheu,
es ist vorbei.
Verzeih.

ABRECHNUNG

Hell lebtest du in ungeschützter Stunde,
als sich ein fremder Mann dir zugewandt.
Der Zufall lenkte, Mond und Wein im Bunde,
da dachtest du: Der spricht mit meinem Munde.
Der ist wie ich. Den hab ich längst gekannt.

So öffnet sich in heit'rer Harmonie,
was Pflicht und Jahre hielten in Verschluss.
Beglückung wuchs aus sanfter Ironie,
und was du wohl gedacht, getan noch nie:
du gabst die Hände hin, den Mund zum Kuss.

Aus tiefem Born quoll deine Zärtlichkeit,
sie ganz zu geben, schien dir Ziel und Ruh.
Doch der sich dir geboten zum Geleit
warf aus zerriss'ner Sinne Widerstreit
die Geste, knapp und kühl: Ich bin nicht du.

Verwirrung, Scham verstörten dein Gesicht.
Im Innersten erstickt zerbarst ein Schrei.
Nun hältst du sinnend über dich Gericht.
Der Born versiegt. Ertrag ist das Gedicht.
Die ungeschützte Stunde ist vorbei.

WIDMUNG

Dein Wunsch, mein Freund, bewegt mich zum Gedicht.

Du bist der Wind, der glatten Spiegel bricht,
zu Weilen schäumt das ruhige Gemüt,
des stillen Pulses Rhythmus formt zum Lied,
ein glimmend Flämmchen facht zum Fackelbrand,
zu heißem Drucke zwingt die scheue Hand,

der flüsternd drängt zum Kusse Mund an Mund,
ein selig Lachen weht aus nächtiger Stund -
Du öffnest mich – und Zeit hat kein Gewicht ...

Dies, Freund, dir als Liebkosung und Gedicht.

BEGINN

noch schützt die Münder Schweigen
Blicke fliehn
wie scheue Vögel
durch verwehrten Raum

Berührung nur
von Hand zu Hand gedrängt
gleicht Spiel von Zweigen
willenlos im Baum
von heißem Wind verwoben
und versengt

NACHTEMPFINDUNG

wunschwirres Dickicht
brütet Fieberwind
und meine Hände
– unrastig wilde Vögel -
flattern auf
zu nisten dir im Haar
zu kreisen dir
um Mund und Wangenpaar
um flügelbreit zu ruhn
auf deiner Brust
verloren ist die Zeit
weit gehst du fort
ins Morgengrauen

sinkt dies einzige Wort
das Wissen um Versäumnis
und Verlust

VERUNKLÄRUNG

in kann das Wort nicht finden
das dir reicht die gute Hand
du stehst verbohrt
in eine Felsenwand
und zuckst
und wehrst dem Vogel
der dich streift

ich bin gebannt in eine bunte Kugel
und rolle Pfauenprunk an dir vorbei

ich kann nicht halten
schlag mich du entzwei

ich selber bin im Elend

IM BOOT

du schweigst

ins ruhelose Wellenspiel
rinnt Abendrot
ein Windhauch
matt von Zärtlichkeit
irrt um zersprelltes Schilf
verläuft sich tot

du schweigst

die Nacht
füllt Schwermut in mein Boot
schließt Herz und Schoß

Erwartung
hast du nicht erkannt
blind blieb dein Auge
lahm die Hand

auch ich
bin stimmelos

***
verblasst die Sonne
verglüht das Licht
langsam
müde
schließt Schicht um Schicht

ich war geöffnet
für dich bereit
versunken wärst du
in Zärtlichkeit

die Glocke läutet

spät ist es
zu spät

Berauschung kommt

Berauschung geht

***

ein Tanz auf dem Seil
noch hält die Balance
noch sichern wir Schritt um Schritt

wir kennen das selige
grausame Spiel
wir zittern
und spielen doch mit

die Blicke
zuckend in fiebrigem Licht
ein flüchtiges Lächeln
ein Wort
jäh flammend die Lohe auf blassem Gesicht

Kompliment
pas de deux
Schlussakkord
noch stehen wir gesichert
doch ein Wink nur
ein Hauch
und wir fallen
und fallen uns zu

dann ist Erlösung
    Ergebung
      Verstromen
        und Ruh

und es gibt nur
dein ICH
   und
mein DU

EIN WIEDERSEHEN

die Zeit verschließt
heißt es
was war
vertreibt
vergisst
du kamst
und Tauwind
entfaltet mein Gesicht

Verkrustung bricht
warm steigen Quellen
streng Gestautes fließt.

was <u>wahr</u>
du weißt es -
war
verbleibt
sprießt
ist

Nina ROITER

*geboren im Winter 1964,
stets suchend und Unerwartetes findend
als Schriftstellerin und Verlegerin
<u>www.roiter.at</u>*

WENN DIE WELT SICH DREHT

Flirrende Bilder
Karussellfahrt der Gefühle
Keine Zeit zu verharren
Haut, Kuss, Wärme
Du.

FRÜHSOMMER – ABEND

Mild und süß die Luft,
eine Zeit sich zu verlieben

ich stehe am Fenster und zähle die Sterne

werde ich dich finden?
Werden wir uns finden?

VOM GLÜCK DAS WAR

der flug der schwalben führt mich nach aigues - mortes
ein abend so weich wie samt und ein mond so hell

eine hand die mich hält
ein gespräch
eine ahnung von fülle
das ist

vergangenheit

gibt es zukunft?

ZWEIFEL

Warum sprichst du nicht mit mir
Warum wendest du dich ab
entlässt mich ohne Kuss
als ob wir zwei Fremde wären

Wie wird es weitergehen? frage ich mich
Hab ich mich schon zu sehr an dich verloren?
Ich, unverbesserliche Optimistin!?

WÜNSCHE VERGEBLICH

Ich wünschte
du hättest verstanden
was ich dir sagen wollte
ich wünschte
 du hättest gehört
was ich gesagt habe
nun ist die Tür verschlossen

EINBAHN

1000 Briefe geschrieben
1000 Briefe zerrissen
900 e-mails geschrieben
900 e-mails wieder gelöscht
800 sms geschrieben
800 sms wieder gelöscht
1000 Gedanken im Kopf
und niemals ausgesprochen
1000 Fragen gefragt
aber keine Antwort bekommen

TRENNUNG

Was war
wird immer sein
auch wenn
es jetzt
nicht
mehr ist

FRAGEN

Fragen über Fragen
Liebst du mich noch oder nicht mehr?
Hast du mich jemals geliebt?
Sind wir ein Paar
und wenn nicht, was sind wir dann?
Wo ist mein Platz in deinem Leben?
Habe ich überhaupt einen Platz bei dir?

TRENNUNG/NEUBEGINN

Trennung auf dem Papier ist nicht Trennung
                                        des Herzens
Ich wünsche dir, dass du einmal verstehen wirst
                                       warum ich mich so
und nicht anders
entschieden habe
no way back - draußen aber wartet das Leben

FRIGO I

Bitte küss mich nur ein einziges Mal,
halte mich und streich mir über die Augen
nimm mir den Schmerz und die Trauer
decke mich mit Liebe zu
damit ich nicht mehr friere

FRIGO II

ma corazon, mon coeur, mein Herz

ich bin traurig und verletzt
draußen fällt der Schnee
was hindert dich
mich zu lieben?

VERDREHT

Sommer im Winter
Haut an Haut
doch ohne Worte
keine Liebe

BLÜTENRANKEN

In
deiner weißen
Wohnung sprießt die
Vergangenheit und treibt
Blüten in die
Gegenwart

GEGENWART

Sonnenstrahlen am Morgen
Jetzt nur heute - hier
schwarzer Sand
warme Haut
gut nicht zu wissen was kommen wird

KEIN TAG

Kein Tag vergeht
 an dem
ich dir
nicht
einen Gedanken
 geschenkt habe
Bilder einer gelebten Zeit mit dir
voll Licht und Schatten
Trauer und Glück
Kein Abend mehr mit dir
und keine Nacht

WÜNSCHE

Was ich mir von dir wünsche:
eine Mohnblume im Herbst
eine Tasse schwarzen Kaffee
einen Luftballon, der in die Unendlichkeit fliegt
einen Spaziergang durch ein Weizenfeld
einen Sternenhimmel im August
einen Film mit Alain Delon
ein Gedicht
ein Zeichen
ein spanisches Essen
ein Wort und eine Antwort

ich wünsche mir mit dir
eine Reise in die Bretagne
ein Konzert
einen Tanz
eine Schifffahrt
ein warmes Brot
das Licht einer Kerze
deine Hände und
deinen Mund und

einen Horizont, der niemals endet

du fehlst mir

DEJA VUE

Und immer wieder
stoße ich an
deine Grenzen,
pralle ab
an einer Mauer
aus Unverständnis und Kälte
dann wache ich auf
und weiß,
dass es nicht so ist
wie ich es mir wünsche

Christl SCHEIWEIN

geboren in Wien, lebt in Perchtoldsdorf, schreibt Gedichte und Kurzprosa, einige Gedichte wurden von Prof. Peter Katt vertont. Beiträge in Literaturzeitschriften, Monographie über den Maler E. Beischläger, Gedichtband „Einsichten" Gedichtband „Hat nicht alles eben erst angefangen".

BLICKE, DIE ICH NIE VERGESSEN WILL

So war ich dir noch nie, so Aug´ in Auge.
So sah ich dich noch nie, so Auge über Auge.
So nur wir, das gab es noch nie.

Dein Blau war der Träger des Wolkenschiffs,
war der Spiegel des moorigen Sees,
dein Blick war das Graublau der Ferne,
schwarzdunkler Nilhimmel, Funkeln der Sterne.

Unsere Körper gingen in die Blicke ein
mit dem heißen Wunsch nach vier Wänden.
Unser Herzschlag im Netzhautgefangensein
ließ den Kindheitsschlaf beenden.

HOCHSOMMERLICHES

Schwül träumt der schillerndgrüne Käfer,
trunken von der Rose Duft,
dass er als Adam seine Eva
in das Teerosenhaus ruft
um in der Blütenblätter Falten
Käferstündchen zu halten.

DEIN DUFT

Nach ein bisschen Kasein
ein wenig Schorf und Grind
gebettet in Bezauberluft
und unverbrauchten Jenseitsduft
so riechst du, liebstes Kind.

Phantasie, ein Hauch
von Neugier auch
und Urvertrauen
von Kopf bis Fuß
wie ein Gruß
Paradies.

Dies Paradies duftet auch heut´
am Hals noch, hinter´m Ohr
und selten, aber immer noch
strahlt es im Blick hervor

GELIEBTESTE TOCHTER

Ich vergesse so viel.
Manchmal glaube ich vergessen zu müssen,
dass ich Dich liebe.
Dann ist überraschend
dein entwaffnendes Lächeln wieder da,
der Duft deiner Haut,
der kleine Leberfleck in deinem Nacken.
Der Kreis, in dessen Mitte ich meine Liebe weiß
ist wieder geschlossen.
Wie ertrag ich diese Liebe?
Mich selbst aufgebend, selbstmissachtend
mit animalischem sich opfern
oder durch größtmögliche Distanz,
um deine Stärke, deine Schönheit
klarer sehen zu können,
um das Wechselspiel
deiner Entscheidungen
nicht teilen zu müssen.
Zwischen diesen Polen spannt sich ein Bogen.
Und da ist noch des Kreises zweiter Teil,
wie die dunkle Seite des Mondes,
der uns immer voneinander wissen lässt.

LEICHTIGKEIT

Ich könnte eine Wolke sein für dich
Gestalt und Farbe verändern,
als fallender Tropfen, formbestimmt und schwer,
bin ich nicht mehr.
Darum träume mit mir, vielgestaltig und leicht.

Ich könnte ein Lied sein für dich
wiederentdeckt, nur Melodie!
Im Netz von Linien, die sich nie treffen
und Taktstrichen, muss ich verstummen.
Begleite mich, als Generalbass des Lebens.

Ich könnte als Stern auf dem Meer
von Woge zu Woge tanzen für dich,
morgen vielleicht eine goldene Straße dir bauen!
Reiche mir keinen Anker,
sondern lass´ deinen ruhigen Atem mich tragen.

IST ES VERTRAUEN ODER IST ES LIEBE?

Fingerabdrücke
aufsaugen
in der Herzkammer
bergen
über die Lebenslinie
zur Wurzel deines Lächelns
gehen

EINTRACHT

Über den Weg der Zwietracht,
kantigen Abrieb der Jahre,
abgetragene Hoffnung
auf einträchtiges Alter

Im Gleichtakt der Schritte
einander wortlos bejaht.

FINGERPRINTS

Aus meiner Nacht
Hände
deine Hände
der sichere Hafen
ein Strand an dem Geschichten anlanden,
von dem Boote auslaufen dürfen.
Hände, wetterwiegend,
Dunkelheit wehrend.
Deine Lebenslinie mein Horizont.
Reiche mir deine Hände

NACHTWACHE

Mitten in der Nacht wache ich
den Wellen Deines Atems entgegen,
wache ich Deinen Träumen zu.

Mitten in der Nacht fühle ich
kein trennendes Wort zwischen uns.
Ich wache, um bei Dir zu sein.

Mitten in der Nacht, wenn Dein Arm
schlaftrunken schwer auf mir ruht,
bin ich ganz ich und ganz Du,
wenn ich wache mitten in der Nacht.

***

Du bist von mir gegangen,
bist von hier
an einen Ort,
vertraut und oft benannt,
an dem wir alle uns verwandt,
der uns, noch eh´ wir uns gekannt
gemeinsam Heimat war und Hort.

Entfaltet dein Gesicht, entspannt.
Mir bleibt nur das Berühren deiner Hand
mit der du mich gefangen.
Besiegelt lebt in mir das Wort
„Du warst",
bist nur in dich gegangen.

AN EINE TOTENMASKE

Er kam als du schliefst.
Seither dunkeln die Tage.
Mit wachen Blicken
lasen wir einander,
lauschten wir atemlos
mit beseeltem Mund
der zwingenden Tonfolge
einer Suite von Bach.
Wahrnehmung, die wir einander
hinter der kühlen Maske
belassen wollten.

***

Holzaschengraues Schweigen
wirbelt abends auf
leichtfüßig, windbeflügelt

BEGEGNUNG

Bei geöffneter Tür
gerahmtes Wiedersehen
zwischen dir und mir,
betretenes Wiederhören.
Die Schwelle,
Fundament
der Berührung

GOLDENE HOCHZEIT!

Die Luft ist dünn geworden
und der Nachmittag verwickelt sich nicht mehr in
Gespräche.
Das Schweigen, das sie auseinander getrieben hat,
verbindet sie.
Manchmal huscht ein durchsichtiges Lächeln über
ihr Gesicht.
Enttäuschungen eingepackt.
So sitzen sie auf der breitbeinigen Bank die trägt,
was sich in langen Leben abgesetzt hat.

„Es wird schon kalt", sagt er
und verscheucht die Stille.

ABSCHIED

Aus leeren Rahmen rieselt Farbe
Mozart verkommen zur CD
nur mehr corpus delicti
wiegt schwer

Unrund

Bewegung
bar aller Musik
Tanz ohne Leichtigkeit
Namenlose Anteilnahme
geschmacklose Teilnahme

Elisabeth
SCHAWERDA

wuchs in Soos bei Baden in einer Weinhauerfamilie auf, studierte Germanistik und Kunstgeschichte an der Universität Wien und promovierte 1965 zum Dr. phil. Veröffentlicht seit 1981 Essays und Feuilletons in Zeitungen und Zeitschriften, insbesondere in der Literaturzeitschrift morgen und in der Wochenzeitung Die Furche. Die Lyrik ist ihr bevorzugtes Metier.

HOCHSOMMER

Nun ist die Zeit,
das Wachbedürfnis zu stillen.
Selbst in den geschlossenen Augen
bleibt Licht, heller Purpur,
ein Bündnis von Sonne und Blut.

Noch spät erwarten uns Gärten,
erwartet uns kühlere Luft.
Die Abende schmelzen langsam wie Honig.
Die Nächte fassen die Düfte nicht,
geben sie weiter dem Tag.

Komm, ehe die Vögel erwachen,
in einen kurzen, traumlosen Schlaf.

EIN STANDBEIN GENÜGT

Wer auf beiden Füßen steht,
kann nicht tanzen.
Setze dein Gleichgewicht
furchtlos aufs Spiel.
Ein Standbein genügt.
Kein Leichtsinn kommt
gegen die Schwerkraft auf.
Gib deinem Schatten
die Anmut der Kindheit zurück,
zuweilen,
an einem Sommertag.

DAS BEKENNTNIS

Das ist die Erbschuld:
Durchlässig
wie ein Nichts
zwischen dem Schmerz
und den Kindern zu stehen.
Die Anklage ihrer Tränen.
Ihre Seufzer im Schlaf.
Ihre verzweifelt fragenden Blicke:
Gibt es denn nichts,
das Leid zum Irrtum erklärt?
Das Bekenntnis: es gibt nichts.

MAXIMEN

Sei höflich.
Sei freundlich.
Sei rücksichtsvoll.

Wehr dich.
Setz dich durch.
Schlag zurück.

Von den Altären unserer Väter
Abel und Kain
steigt Opferrauch auf und erstickt
die Stimme der Mutter, die sagt:
sei glücklich.

IM NETZ DER WEGE

Vieles zwischen Geburt und Tod
bleibt heimatlos,
ohne Dach
zwischen sich und dem Himmel,
ohne Wand
vor der Kühle der Nacht.
Die wandernden Füße
wärmen die Steine.
Im Netz der Wege
verfängt sich ein Bleiben.

MORGENROT

Ein neuer Tag
wirft mir sein Licht ins Zimmer.
Hellwach schlag ich die Augen auf:
Morgenrot an der Wand
und von beweglichen Zweigen
ein flimmerndes Schattenspiel:
Meine Katze jagt im Holunder.
Läg es an mir,
ich wäre jetzt vollkommen glücklich.

LINDENBLÜTEN

Einen Nachmittag lang
nichts gehört als den Wind
in den tausend grünen Kanälen
des Gartens,
und die Vögel,
die ihre Jungen das Fliegen gelehrt.

Nichts gefühlt als den Wechsel
von Sonne und Wolken.
Nichts geträumt.

Nichts gedacht, was jenseits
der blühenden Linde lag.
Ihre Blüten gesammelt
und ins Haus zum Trocknen gebracht.
Nichts sonst.

Nun zieht ein Duft durch die Zimmer
wie von Frauen
und Kinderhaar.

OSTEN

Wie eine rotgetigerte Katze
springt morgens die Sonne aufs Bett.
An den Wänden verbrennen die Schatten.

In den heißen, trockenen Tagen,
wenn das Gras seine Farbe verliert,
fliegen Geräusche der Ebene
mit dem Ostwind weit in die Hügel.

Stunden der Kindheit
auf Gartenmauern verträumt:
Wo der Weg nach Osten den Anfang nimmt,
rollt sich die Erde flach aus bis zum Himmel,

zu Horizonten, die nichts begrenzen.
Letzte, noch sichtbare Wellen
des ausgetrockneten Meeres.

SMEDEREVO AN DER DONAU

Das Wort „Au",
sagte der englische Dichter,
ist eines der schönsten
Wörter der deutschen Sprache.
Und sah nicht hinüber
zum anderen Ufer,
nicht zu den Weiden,
den buschigen Inseln…
Er lauschte hinter der Silbe her.
Sah nicht die geborstenen
Türme der Festung
am bleiernen Fluss,
nicht qualmende Schlote,
teerige Steine,

Rost und Beton.
Schwer zog der Wind
über dem Wasser stromabwärts …
Die Silbe, tropfengleich
war sie gefallen,
öffnete sich wie ein Auge.

Aus dem Buch
Die Einladung der Wände

NÄCHTLICHE RÜCKKEHR

Beklemmung kommt näher
angelockt
vom nächtlich verpuppten Haus.
Kriechender Efeu.
Wilder Wein.
Die Sträucher gedunsen.
Die Luft ein lauerndes Schweigen.
In den Schatten ein Wuchern.
Auf der Schwelle die Angst.
Mein Schritt ohne Klang
durch die Räume.
Kein Ding das mein eigen war
will mich wiedererkennen.

AUF BLANKEM BODEN

Auf blankem Boden zur Nacht gebettet
den zerschossenen Tiefschlaf der Kindheit
bei Sesselbeinen
unter Stimmengewirr
hart hinterm Absatz
der Männerstiefel
Dies war nicht die Zeit
eines Kindes zu achten
und dass es hart hinterm Absatz
der Männerstiefel
unter Stimmengewirr
bei Sesselbeinen
schläft den zerschossenen Schlaf seiner Kindheit
zur Nacht gebettet auf blankem Boden

ABBRUCH

Der Bagger löffelt
das alte Haus aus der Gasse.
Schält Zimmer um Zimmer
aus mürber Wand.
Zerbrechende Formen
wachsen zum Hügel,
den der Bagger besteigt.
Zieht mit den Zähnen
die hölzernen Balken heraus.
Legt sie wie Gräten zur Seite.
Bedächtig zerkaut er
die Mauern zu Schutt.

DIE EINLADUNG

Fröhlich fahren wir ab,
kommen fröhlich
am Gartentor an.

Treten in kühles Kleinklima ein.
Die Fröhlichkeit flackert.
Verlischt auf der Schwelle.

Durch die offene Tür
blitzt Sauberkeit wie ein Messer.
Die Gastgeber lächeln erschöpft.

Neben den nachgedunkelten Spuren
der Konflikte schimmern die frisch
entfernten noch feucht.

Das Gespräch schwimmt in Angst
vorm Ertrinken. Die Wörter halten sich
schwindlig die Augen zu.

Das Essen ist schwer.
Wir umklammern die Gläser.

DIE VILLA

„Nun gehörst du mir, meine Schöne" –
Der verwilderte Garten
umarmt die verlassene Villa.
Er drängt sich an ihre wehrlose Kühle,
dringt in sie ein,
macht sie schwanger von sich
und legt sie sachte ins Gras,
wo sie Blumen und Blätter bedecken.

GOTISCHER KIRCHTURM VON OBEN GESEHEN

Das Flugzeug,
das den Turm überfliegt,
zerreißt seinen Ruf zu den Sternen.

Von oben gesehen
ist der Turm ein Gerippe,
zu Tode erstarrt.

Die Senkrechte,
die den Himmel meint,
verliert ihre Dimension.

Von oben gesehen
ist die Welt nichts
als ein Abgrund.

PASSO VENEZIANO

Leichte Berührung
auf istrischem Stein
  flüchtig und eilig
  von Spielbein zu Spielbein
bewegliche Schwere
federnd geteilt
  Hebung und Senkung
  über die Brücken
durch dunkle Gässchen
vom Nachhall verfolgt
  im Licht des Campo
  ein kurzer Auftritt
durchqueren
verschwinden im Schatten

BÄUME

Schweigsamer Bruder
ausgeschlossen
aus dem Spiel der Masken
die Wurzeln nahe den Ahnen
den stummen Trägern der Paläste

Einsamer Bote der terra ferma
die istrischen Steine
mit Laub bestreuend
für das leise Streichen der Besen
an herbstlichen Morgen

Fremdling zwischen kostbaren Mauern
die sich im Spiegel
bewundernder Augen verklären
Nur an den Fenstern
auf schmalen Simsen
wuchert die Sehnsucht nach Gärten

COLORI VENEZIANI

Graues Grünmoll
und Blaumoll
leise unsichtbare
tanzende Schritte
von Ton zu Ton
traumwandelndes Licht
Würdevoll heiter
und ernst das Rosa
gebrannter Erde
Die Fenster umrahmt
von karnischem Weiß

die Läden zypressengrün
Istrischer Seidenglanz
auf den Steinen
schimmernd von Nebelkristallen
Tizianblau
über dem ewigen Licht der Altäre
Kostbar in alte Brokate verwebt
das venezianische Rot

REGEN

Schnell
füllt sich jede Mulde im Stein
und die Pfützen rollen
seidig auseinander
Begierig drängt es von unten
dem glitzernden Regen entgegen
Die Kanäle werden lebendig
wie trunkene Tänzer
Das Element bricht unbekümmert
in Übermut aus

Die Stadt nimmt es hin
wie eine begehrte wilde Umarmung
die ihr vertraut ist
und die sie vielleicht
eines Tages zerstört

NEBEL

Das Nebelhorn klagt
wie ein trauerndes Tier
in Verlassenheit auf dem Wasser

Im Sickerlicht der Kandelaber
zerstäubt die kalte blasse Tinte
der Lagunen-Winterluft

Unterwegs sind stille Casanovas
Tode lehnen an den Türen regungslos
Der Pestarzt schreitet durch die Gassen
Schweigend distanziert die Eleganz

Irgendwo durchs offne Fenster
holen Arme kühles weiches Nebelweiß
in den dunklen Raum

FERNWEH

Zierliche Pläne zu schmieden
im fröhlichen Feuer
nicht für morgen für später
Morgen ist schon verplant

Schwungvoll Anker zu werfen
am Traumseil
an leichter Gedankenkette
in den Sommer den nächsten
den übernächsten
Den Fuß des Wünschens
schon an den fernen Zeitort gesetzt

Schwindelfrei über Grenzen zu gehen
wo sich Gedanken
mit fremden Sprachen bekleiden
und der unübersetzbare Kern
schimmernd ins Herz fällt
und keimt
und zum Baum wird
in dem die Zugvögel ruhn

KONDENSSTREIFEN

Fernwehbogen.
Aber wohin? Südseestrand, Pommerland?

Sehnsuchtsspur.
Wenn ich ein Vöglein wär, Ikarus,
nicht ohne dich.

Heimwehlinie.
Warnung Entwarnung noch immer
im Kinderohr, weil's aber nicht kann sein.

Flucht ins Blau.
Aber Zuflucht? Und auch zwei Flügel hätt,
die Welt ist nicht groß genug,
wohin Marienkäfer flieg?

NAMIB

*

Sterndünen rotgolden
Skulpturen wechselnder Winde
wandern über die lehmbleiche Senke
den Scheitel in dem sich die Kämme
vereinen im maßlosen Blau.
Mit leichten Herzen aufwärts
nebeneinander in heißen Sand
setzen wir Schritte ins Makellose.
Flüchtige Abendschatten füllen die Spur
eh' sie äolisch verlischt.

*

Die Sicheldünen driften
unter dem Mond.
Der Milchstraßenbogen
ein Meer vergossenen Sternenlichts
wölbt den Himmel der Nacht.
Dies war das Buschmannland.
Zu oft verjagt
wurden die friedlichen Jäger.
Ihre Bilder am Felsen
verlöschen allmählich
unterm feilenden Wind.
Die Fährten der Fährtenleser verblassen.
Zu klein geworden ist die Erde
für Unzeitgemäße.

ANTARKTISCHER SOMMER

*

Die schlanke Robbe,
Gazelle der kalten Gewässer,
döst auf dem Eis.
Bronzehell in der Sonne
schmiegt sich ihr Leib
wie Wasser dem Stein.
Sie öffnet die Augen,
es presst sich von innen
ein Schmerz an die meinen.

*

Blau der Ferne. Zeitenferne.
Im Blaueis Kometenstaub.
Blau der Tiefe, der Weite,
in dem sich die Feindschaft verliert
zwischen Leben und Frost.
Schönheit lächelt gelassen
über den Tod.

*

Unser Zeitmaß ist nicht das Wachstum der Moose,
sondern der eine Schritt,
der ein Jahrhundert zerstört.
Unser Zeitmaß ist nicht das Leben der Wale,
sondern ihr Tod durch unsre Harpunen.
Der Rost, der unsre Geräte befällt,
ist ein Maß.
Unsre Maße sind klein:
Drei Minuten, maximal fünf,
um in diesem
von Leben quirlendem Meer zu erfrieren.

*

Die Luft bebt vom Stöhnen des Gletschers.
Er kalbt ins Meer,
das sich schäumend erregt.
Erregung breitet sich aus,
schlägt das Treibeis wie Zimbeln.

Nur langsam kehrt Stille zurück.
Und es beginnt die salzige See
am süßen Wasser
des neugeborenen Eisbergs
zu lecken.

SCHWERMUT

Was habe ich
mit diesem leeren Tag getan?
Ihn langsam angefüllt
mit Trauer.
Nun ist der Abend schwer davon.

Mein Leben, das ich nicht begreife,
von Bücher, Bildern,
lieben Dingen
wie ein Garten eingefriedet,
ist irgendwo im Weltgeschehn,
das weitergeht
auf Todeswegen.

Die Nacht wird lang
und mondlos sein.
Und ohne Stern
will kein Gedanke wandern.

Claudia TALLER

*geboren in Linz, aufgewachsen in
Deutschland; lebt als Psychologin,
Schriftstellerin & Radiomacherin
in Linz. www.claudia-taller.at*

SPÄTE LIEBE

Die späten Lieben sind seltsam ruhig,
gleich Gärten spät im Jahr,
menschenverlassen,
geknickte Rosen säumen den Weg,
ein verblichener Stuhl erzählt
nichts,
geknickte Rosen neigen sich zueinander
nah,
sie haben viel an Leben erfahren,
sie haben sich vielerlei zu sagen
die späten Rosen.

SCHMERZ

Die Biene liebkost Blüte um Blüte,
ihr Liebkosen bringt Leben,
selbstlos dient sie dem Leben
ahnungslos.
Auch deine Liebe liebt das Liebkosen
von vielen,
doch deine Liebe bringt Schmerz
mir.

DIE WUNDE

Die Wunde über der ersten Liebe schließt sich
scheinbar.
Es wachsen neue Lieben darüber,
Schicht um Schicht.
Und es kommen die Tage,
da werden keine neuen Wunden mehr geschlagen,
langsam wird das Leben langsam und du weißt,
die Wunde über der ersten Liebe schließt sich
nie.

SORGE

Selbstgespräch einer Mutter

Dein ist die Sorge –
von Anfang an,
du darfst auch lieben, ja, doch,
nur nicht ergreifen, nicht besitzen sollst du,
begleiten darfst du,
von nah anfangs,
später von fern,
doch immer bleibt das Sorgen
ungefragt.
Die Sorge, sie bleibt dein –
ungebeten, bis zum Ende,
deinem Ende.

EIFER-SUCHT

Die Sucht sucht,
sie findet, wo nichts zu finden ist,
sie quält den, der sucht,
sie quält den, der ohne Argwohn lächelt.
Die Sucht ist auf der Hut, sie findet
eine Geste, einen Blick,
und dankbar spinnt sie ihre Fäden,
spinnt ihr Netz für die imaginierte Beute,
ein ungeklärtes Lächeln,
eine absichtslose Geste.

JUNGE FRAU

Ich lieb das, was er hat –
ist das nicht auch er?
Ich lieb, was er mir gibt,
was ich mir selbst nicht geben kann –
gold'ne Teller, Geschmeide im Haar,
und Macht, vor allem Macht.
Gekaufte Liebe?
Er liebt mich doch –
muss ich ihn auch noch lieben?

ICH – MICH

Ich gehe von Fenster zu Fenster,
der sinnliche Mund darin – ist meiner,
ich gehe von Spiegel zu Spiegel,
die hohe Stirn darin – ist die meine.
Ich schreite von Lächeln zu Lächeln,
die Lächeln künden - meine Schönheit.
Ich liebe sie alle,
weil sie mich lieben –
wie ich mich.

KLÄNGE

Ein Gedankengespräch

Töne ver-gehen, wo gehen sie hin?
Soeben erschaffen gehen sie hin – wohin?
Entlockt den Saiten, den Tasten geh'n sie dahin.
Klänge ver-wehen, wo wehen sie hin?
Die Töne klingen in mir, leben in mir,
Die Klänge tönen in mir, leben in mir -
im Rausch des Schaffens erdacht, im Rausch des Applaus' dargebracht,
von Händen absichtslos -
lebe ich in ihnen.

DU, MÄDCHEN DU

Ich seh' dir lange nach . . .
kein Bube ist so süß wie du.
Schau mich nur einmal an,
ob ich in deinen Augen seh –
ich muss es wissen!
- ob ich in deinen Augen sehe,
was ich suche.
Wenn nicht, dann geh' zu deinen Buben.
Wenn ja, dann bleib und gib mir deine Hand,
und eines Tages
mehr.

VERBOTEN

Mein Garten ist nicht mehr fruchtbar,
Welkes gilt es zu verbergen. Und doch -
sein will er werden,
alles ist bereitet.
Doch Er, dir treu, er zögert – noch.
Zu mir kommst du um Trost - du Liebe, du -
zur Mutter kommst du wohl, nicht zur Rivalin,
die Hand, die über's Haar dir streicht,
sucht andere Berührung,
verbot'ne.
Oh, zögerte Er nicht!
So schön bist du und jung, ja, jung vor allem –
was sucht Er denn in meinem welken Garten?
Spürt er vergang'ne Glut? Nein, eben nicht vergangen ...
Oh Tochter, hüte dich!

VERBOTEN - UNAUFLÖSLICH

Ich will, dass sie nicht ist!
Ich wünsche sie hinweg –
doch wär' ich nicht, wenn sie nicht wär'.
Im Märchen hilft das Wünschen.
Im Märchen, da sind Prinzessinnen schöner als Königinnen,
immer,
und die Prinzessin, sie will keinen Prinzen,
die Prinzessin, die will den König!
Und was will der König?
Freilich will er die Prinzessin, des bin ich ganz gewiss,
und doch -
der König, der ist feige.

H. M. Magdalena
TSCHURLOVITS

geboren in Waidhofen/Thaya, Waldviertel, NÖ. Lebte zwischen 1970 und 1980 in Johannesburg, R.S.A. Lebt jetzt in Wien. Sprachhandwerkerin. Lyrik, Prosa, Übersetzungen englischsprachiger literarischer Texte ins Deutsche. Dem Lyrikband ‚haasz & cold' folgte ‚feia & ice'. Literarische Beiträge für Anthologien, Zeitungen, Ausstellungen.

ABSCHIED

Die Rose stirbt
aufrecht in einer Vase
geformt von Künstlerhand
Ihr Blattwerk welk und braun
so hart im Widerstand
denn - noch fällt sie nicht
Die Blüte groß doch zart
den Kelch mit zarten Staubgefäßen
halten glutrote Blütenblätter dicht
inmitten strahlt die Sonn'
gelebter Sommer
Einstmals in Duft gehüllt
aus sieben Schleiern Scheherezad's
fühlst mehr als es dein Sinn erkennt
noch zarte Ströme von geteilter Lust
Gerollt das Blütenblatt
wie ein noch voller Mund
auf dem dein Kuss noch zärtlich weilt
der von der Liebe weiß
die ihm so sacht und sanft und weich
enteilt.

ACKER UND PFLUG

Verletzend Dein Wort
War schon weit fort
Legst Deine Hand auf mich
schwer
Spür wie die Luft
Hebt mich und trägt
In Deinen Arm
Wiederkehr
Lieb holt sich Lieb
Einsam im Nehmen
Zweisam im Geben
Acker und Pflug

GESCHENK

Dein Haar ist weiß
Runzelig die Haut
Doch deine Hand
Die meine sucht
Ist alterslos
Denn
sie liebt

LIEBESALPHABET

Fingerkuppen formen Worte
Haut sucht die Erwiderung
Sprache, die nur Liebe findet
Ohne Syntax, Komma, Punkt

HERZGRUSS

tropfenweise
mit pipette
schick ich dir
herzgrüße
blutgruppe
unwesentlich
wenn die pumpe
nicht mehr will
flöss ihr tropfen ein
der zuversicht
der leidenschaft
der hoffnung
der schönheit
dein herzblut
in mein herz
mein herzblut
in dein herz
manna
des verstehens
mantra
des vergessens

WAS DAZWISCHEN SCHWINGT

Nein sagt er Ja sagt sie
Nein sagt sie Ja sagt er
Dazwischen liegen Welten
Weder Liebe noch Hass
Manchmal nur ein Satzzeichen
Falsch gesetzt bis zum
Mordspunkt

***

Solange man lebt
darf man träumen
Jedes gemeinsame Jahr
ein funkelnder Diamant
Gelebtes Bekenntnis
zum Du
Denn nur im Du
kann das Ich sich finden
Im Du darf es wachsen
blühen und reifen
Früchte tragen
Sich vollenden

NUR SO

Sicher wäre mein Leben einfacher gewesen
Ohne dich
Aber
Nicht leichter
Nicht besser
Nicht schöner
Nicht fröhlicher
Nicht aufregender
Nicht zärtlicher
Nicht ergänzender
Weniger
Verwundbar
Wäre mein Leben gewesen
Ohne dich
Nur ein unvollständiger Satz

WENN ALLES WURSCHT IST

Die koffer gepackt
Die schlüssel am tisch liegen
Fehlt nur ein wort
Das du nicht sagst
Dann fällt die tür ins schloss
Ich bin draussen
Du hockst drinnen
Und starrst an die wand
Die keine antwort gibt
Genauso wenig wie ich
Aber du hast nie gefragt
Du dachtest du weißt
Jetzt weißt du
Es ist zu spät zu fragen
Die antwort bleibt offen
Ein leben lang
Deins und meins
Nicht unser

WENN DU NACH MAILAND KOMMST

zieh dir die roten schuhe an
und geh die erste liebe suchen
sie blüht wie wilder thymian
und duftet nach jasmin
für bettina ehrlich

WINDSBRAUT

Sein wie der Wind
In deinem Haar
Um dein Gesicht
Möcht ich für dich
Sein wie das Meer
In deiner Hand
Branden wie Sand
Zurück an den Strand
Sein wie das Licht
Weich dich umfließt
Schwerelos streichelt
Sanft dich umschmeichelt
Sein wie der Duft
Voll taufrischer Luft
Satt von der Nacht
Morgens erwacht
Sein wie die Zeit
Mächtig und weit
Ohne End und Beginn
Fließt um dich hin
Sein ohne Ziel
Leicht wie im Spiel
Nicht beengen, befrein
Windsbraut Dir sein
für M4

Peter Paul WIPLINGER

Schriftsteller und künstlerischer Fotograf. Geboren 1939 in Haslach, OÖ. Lebt seit 1960 in Wien. Studium der Theaterwissenschaft, Germanistik und Philosophie. 46 Buchpublikationen in 20 Sprachen.

ABEND AUF DER TERRASSE

Die Mauersegler fliegen
schreiend durch die Luft.

Am Horizont verglüht
ein dunkles Abendrot.

Dein Lächeln, das mir zeigt,
daß du mir nahe bist.

Der Wein in meinem Mund.
Die Zigarette in der Hand.

Die Worte zwischen uns,
die eine Brücke sind.

Und später unsere Körper
im nachterfüllten Raum.

UNSERE WEGE

Du gingst
den Weg hinauf
zwischen den Wiesen
bis unter den großen
blühenden Kastanienbaum.

Ich dachte:
Wo wird er enden Dein Weg?
Und wo endet dann meiner?

In den Blüten im Mai oder
flammendrot im Herbst?

Dann liefst Du barfuß
von oben herab zu mir.
Und wir umarmten uns.

Es war Frühling.
Es war mitten im Mai.
Und alles blühte voll Pracht.

DU SAGST
ZURÜCKKOMMEN

du sagst
zurückkommen

mit einer gebärde
die uns wieder
forttträgt

ins ungewisse
in die trauer
in die angst

ich sage
bleibe noch
ein weilchen

in diesem chaos
im kinderspiel
von leben und tod

sieh es lösen sich
die bilder

so nah sind wir
am untergang
so nah am licht

DIESER AUGENBLICK

alles in mich
aufnehmen

das licht
auf den steinen

den wind
in den zweigen

dein lächeln
dein haar

die stimmen
der menschen

das schweigen
des himmels

diesen augenblick
der ewigkeit

ERINNERUNG

sich erinnern
an den duft
deines haares

sich erinnern
an den geruch
deiner haut

sich erinnern
an den klang
deiner stimme

sich erinnern
an dein helles
fröhliches lachen

sich erinnern
an dein leises
ich liebe dich

EINWINTERN

die sonne
hat mich geblendet

aber der regen
hat die augen gekühlt

vorbei ist der sommer
bald kommen die möwen

der winter bringt
kälte und sterben

und die liebe
ist lange vorbei

ABEND BEI DIR

mein atmen
dein schweigen

dazwischen
manchmal ein wort

ein vogelruf draußen
vor dem fenster

der klang der musik
schnee auf dem baum

SOMMERLIEBE

dunkelblau
blüht der lavendel

und schüttet
seine farbe aus
in mein rotes herz

du sollst nicht fragen
wieviel zeit uns bleibt

der wein im glas
und späte leidenschaft
wer denkt da an ein ende

nimm alles wie es ist
reifen wird uns die zeit

enden werden wir
irgendwann du und ich

doch jetzt
duftet noch der jasmin

LIEBESGEDICHT

diese sanfte berührung
dein herzschlag an mir

der vorhang deiner haare
schneeweiß deine brüste

der duft deiner haut
überall

lindenblüten vor dem
fenster

körper an körper liegen
wir so da in unserer
umarmung

als würden wir ewigkeiten
festhalten können im
leben

LIEBESGEDICHT

hinter
deinem gesicht
verblutet der mohn

deine haut
leuchtet so weiß
zwischen den blauen
beeren des schlehdorns

in deinen augen
fahren meine schiffe
mit schwarzen segeln

LIEBESGEDICHT

aus der lüge
der umarmung

hinausfinden
zur freiheit

LIEBESGEDICHT

so gehst du ein
in meine tage
in meine nächte

bist eine taube
bist ein nachtfalter

zeichnest in die luft
unsere liebe

zeichnest in die erde
unsere angst

zeichnest ins wasser
unsere hoffnung

so gehst du ein
so gehst du aus

LIEBESGEDICHT

etwas wird bleiben
in der erinnerung

vielleicht der ton
deiner stimme

oder dein lächeln
dein schwarzes haar

jener sommertag
da wir uns liebten

nahe am wasser
unter dem himmel

worte geflüstert
beim liebesspiel

die leidenschaft
der umarmung

das schweigen
lange danach

LIEBESGEDICHT

dein angesicht
war wunderschön

und du warst nah
und zugleich fern

die rosen blühten
rot für uns im park

und deine hand
lag still in meiner

ich weiß daß es
ein ende geben wird

doch in dem augenblick
lag so viel glück für mich

LIEBESGEDICHT

in der stille
berührten sich

unsere hände
unsere körper

manchmal ein wort
das uns einschloß

ein nachmittag
so blütenweiß

wie der vorhang
vor dem fenster

den der wind
bewegte sanft

in unserem atmen
zerbrach die zeit

wir wußten das
du und ich

LIEBESGEDICHT

deine haut
war so weiß

dein gesicht
war so nah

wir spürten
das pochen
des blutes
in unseren
herzen

wie soll ich
mich daran
erinnern

ohne
zu sterben

LIEBESGEDICHT

ich möchte ein licht
in deinen augen sein
ein stein in deiner hand

ich möchte eine blüte
in deinem garten sein
ein vogelruf im wald

ich möchte ein sturm
sein in gewitternacht
ein feuerblitz in dir

ich möchte erde sein
die dich im schlaf bedeckt
wenn es mich nicht mehr gibt

ich möchte letztes leuchten sein
an deinem abendhimmel
wenn rot die sonne untergeht

ich möchte jener ton
in deiner stimme sein
mit dem musik verklingt
in dir und mir

LIEBESGEDICHT

im glanz der lichter
sehe ich dein gesicht

schnee fällt herab
auf die dunkle stadt

die liebe ist ein traum
sagst du leise zu mir

wir werden aufwachen
entgegne ich dir darauf

wir werden uns trennen
irgendwann das weiß ich

LIEBESGEDICHT

als du sagtest
der sommer ist
zu ende

da fiel
der schatten

deines gesichtes
auf mich

draußen flogen
schon möwen
und das herz
begann

einzufrieren
in der kälte

wer dachte ich
wird im frühling
das sein für mich

wenn die magnolien
blühen voll pracht

LIEBESGEDICHT

bei dir bin ich
nicht zu hause

bei dir bin ich
auf letztem flug

bei dir bin ich
ein silberherz

das im dämmern
lautlos zerbricht

bei dir bin ich
ein letztes wort

hinausgeflüstert
in sternennacht

bei dir bin ich
ein himmelsblau

bevor die sonne
stirbt im abendrot

BRIEF AN DICH

die rose verwelkt
auf deinem grab

die erinnerung an dich
ist noch lebendig in mir

der schnee schmilzt schon
in der wärmenden sonne

am abend brennt manchmal
eine kerze in deinem zimmer

ich trinke zuviel wein
und rauche mehr als früher

ich sehe mir die alten fotos an
wir beide im sommer am meer

du hattest eine superfigur
und braun war deine haut

der himmel ist jetzt blau
es blühen schon veilchen

die rose auf deinem grab
aber ist schon verwelkt

LIEBESGEDICHT

die trauer
dir ins haar
geschrieben

die worte
in der hand
verborgen

ein lächeln
das mich
zittern macht

ein hiersein
so als wärst du
fortgegangen

und eine spur
von liebe angst
und tod

LIEBESGEDICHT
Für meine Frau und
Lebensgefährtin
Susanne Annemarie

in einem traum von dir
möchte ich überleben

in deinem weißen atem
in einer winternacht

in einem deiner schritte
wenn du unsere wege gehst

in jener stille im raum
wenn du musik hörst

in einer roten blüte
einer blume am fenster

eine weile möchte ich
noch weiterleben in dir

nach meinem tod

SPÄTHERBST

das gelb der birke
vor meinem fenster

die silbergrauen haare
schütter auf dem kopf

die worte „es war damals"
„es ist lange schon vorbei"

aufflammend plötzlich
eine späte liebe noch

unbegreiflich aber wenn
ich mich im spiegel sehe

da ist ein alter mann der
müde mir entgegenblickt

das wissen das gefühl
daß herbstzeit ist in mir

und nur die vögel fliegen
sich rettend in den süden

LIEBESGEDICHT

dein herz schlug
nahe an meinem

in deinen augen
brannte die glut

das ist die liebe
sagtest du dann
und dein atem
war heiß

LIEBESGEDICHT

ich verspreche dir
ich werde dich
nicht suchen

ich verspreche dir
ich werde nicht
an dich denken

ich verspreche dir
ich werde nicht
um dich trauern

ich verspreche dir
ich werde mich nicht
deiner erinnern

INHALVERZEICHNIS

Vorwort 6
Adnotes zum Thema Liebe 7
Die Liebe, die Liebe 8
Sophia Benedict.................................... 9
Gaby G. Blattl 20
Dietmar Füssel 29
Sidonia Gall... 42
Karin Gayer... 47
Haimo Handl 54
Philo Ikonya 59
Marlen C. Kühnel............................... 64
Gerhard Leitgeb 73
Anton Marku 80
Ishraga Mustafa Hamid..................... 85
Helmuth A. Niederle 89
Christine Nyirady 92
Dorothea Nürnberg 98
Liane Presich-Petuelli 110
Nina Roiter 117
Christl Scheiwein 124
Elisabeth Schawerda......................... 132
Claudia Taller.................................... 148
H.M. Magdalena Tschurlovits 154
Peter Paul Wiplinger 160